KB204254

연애를 말하다

**세움북스**는 기독교 가치관으로 교회와 성도를 건강하게 세우는 바른 책을 만들어 갑니다.

**담장너머 시리즈 02**

연애를 말하다

**초판 1쇄 발행**   2020년 8월 01일
**초판 3쇄 발행**   2023년 1월 25일

**지은이** | 임승민
**펴낸이** | 강인구
**펴낸곳** | 세움북스

**등  록** | 제2014-000144호
**주  소** | 서울시 종로구 대학로 19 한국기독교회관 1010호
**전  화** | 02-3144-3500
**팩  스** | 02-6008-5712
**이메일** | cdgn@daum.net

**교  정** | 김민철
**디자인** | 참디자인

**ISBN**   979-11-87025-69-6 (03230)

* 이 책은 신저작권법에 의하여 국내에서 보호를 받는 저작물입니다.
  출판사와의 협의 없는 무단 전재와 무단 복제를 엄격히 금합니다.

* 책값은 뒷표지에 있습니다.
* 잘못된 책은 교환하여 드립니다.

담장너머
시리즈 02

연애를
말하다

임승민 지음

세움북스

# 서문

　청년을 대상으로 약 10년 동안 사역했습니다. 개척한 교회에도 주로 청년들이 찾아왔습니다. 15년 이상을 청년들과 함께 지낸 것입니다. 그러다 보니 청년들의 고민을 많이 듣게 되었습니다. 크게 세 가지 정도였습니다. 첫째는 가정 문제로 부모님과의 관계나 어려운 가정 형편 등입니다. 둘째는 앞날에 대한 고민으로 직종 선택이나 돈에 관한 것 등입니다. 셋째는 결혼 문제로 배우자를 찾는 것과 연애를 하면서 생긴 고민 등입니다. 이세 가지 고민 앞에서 혼란에 빠져 힘들어 하는 청년들이 꽤 있습니다.

　안타까운 것은 청년들이 이런 고민들을 해결하기 위해 참고할 만한 성경적인 안내서가 부족하다는 점입니다. 특히, 연애와 관련된 자료가 많지 않았습니다. 기껏해야 일반적인 연애 지침서에서 크게 벗어나지 않은 수준이거나 왜곡된 성경 해석에 근거한 도서가 대부분이었습니다. 무엇보다 연애의 목적이 되는 결혼과 가정을 깊이 있게 바라보고, 결혼과 가정의 안내자인 교회와의 관계를 고려한 연애 지침서는 찾기가 어려웠습니다. 그래서 수년 전에 청년들을 위해 연애 지침서 하나를 만들어 가르쳐 왔습니다. 이 책은 그 열매입니다.

이 책은 몇 가지 특징이 있습니다. 첫째, 신학적입니다. 결혼을 준비하는 연애는 결혼에 대한 신학적 의미에서 출발할 수밖에 없습니다. 결혼이 무엇인지 알아야 연애를 어떻게 할지 결정할 수 있습니다. 가정이 무엇인지 알아야 누구와 연애를 할지 결정할 수 있습니다. 이 책은 결혼의 신학적 의미를 염두에 둔 연애 지침서입니다. 연애와 결혼은 따로 갈 수 없기 때문입니다. 둘째, 교회적입니다. 이 책의 독특한 점이라 할 수 있습니다. 성경신학적으로 교회와 가정은 서로 보완 관계입니다. 가정은 교회를 세우고 교회는 가정을 세웁니다. 하나님은 한 가족과 언약을 맺으셔서 구속의 역사를 이루어 가셨고, 그 역사의 정점에 교회가 서 있습니다. 하나님의 구속사에서 교회와 가정은 뗄 수 없는 관계입니다. 그러므로 결혼을 준비하는 연애라는 과정도 교회와 함께해야 합니다. 이 책은 교회와 함께하는 연애 지침서입니다. 셋째, 실천적입니다. 이 책은 이론서라기보다는 실천서입니다. 이 책 안에 담긴 내용은 저와 제 아내가 연애할 때 시도했던 것입니다. 또한 우리 교회 청년들이 연애 현장에서 사용하는 실제 지침서이기도 합니다. 이 지침서가 가르치는 과정을 따라 연애를 하고 결혼에 이른 부부도 여럿 있습니다.

이 책은 총 8강으로 구성되어 있습니다. 1강은 결혼 공부의 중요성을 말합니다. 자동차 면허를 따기 위해서는 수개월이 걸립니다. 생명이 달린 일이기 때문입니다. 그러나 결혼은 자동차를 운전하는 것보다 훨씬 더 중요합니다. 나와 배우자와 자녀들의 인생이 걸린 일이기 때문입니다. 그러므로 연애하기 전에 결혼을 미리 공부하는 것은 꼭 필요한 일입니다. 2강은 배우자를 찾는 일이 신앙과 관련되어 있음을 가르칩니다. 누군가를 선택한다는 것은 가치관이 걸린 일입니다. 그러므로 즉흥적이거나 감정적이어서는 안 됩니다. 신중해야 합니다. 이 장에서는 배우자를 선택할 때 필요한 몇 가지 주의 사항을 전합니다. 3강은 배우자 선택 기준을 제시합니다. 가급적 만나지 말아야 할 사람의 세 가지 성향과 반드시 확인해야 하는 세 가지 점검 사항을 알아봅니다. 4강은 어떻게 만나야 하는지를 안내합니다. 감정이 타오르게 만들 누군가를 기다려야 하는지, 감정과 상관없이 소개를 통해 조건을 맞추어 만나야 하는지 등을 다룹니다. 감정을 소중히 여기면서도 감정을 선택의 유일한 기준으로 두지 않는 방법을 가르칩니다. 5강은 연애를 시작할 때 천천히 달아오르도록 노력할 것을 권합니다. 끌림이라는 감정은 참 아름답지만 끌림 그 자체가 항상 선하지는 않습니다. 그러므로 나는 왜 이 사람에게 끌리는지를 확인할 수 있도록 예비 데이트를 제안합니다. 6강은 그리스도인답게 연애하는 방법들을 제안합니다. 연애 서약서를 작성하기, 연애를 지도할 그룹 만들기, 스킨십의 경계 정하기, 갈등에 대처하기 등입니다. 7강은 언제 결혼을 확정할 수 있는지를 말합니다. 적절한 연애 기간이 어느 정도인지를 제안하고 결혼 확정을 위한 기준들을 점검합니다. 8강은 결혼식보다 결혼 생활 준비에 더 많은 힘을 기울여야 한다고 권면합니다. 결혼식에 관한 세속적 편견을 교정하고 결혼식 전에 반드시 확정해야 하는 것들은 무엇이 있는지를 살펴봅니다. 달리기 선수는 어떻게 하면 출발선에서 멋지게 보일까를 고민하지 않습니다. 어떻게 하면 잘 달릴까를 고민합니다. 결혼식은 출발선이요 결혼 생활은 달리기입니다. 달리기를 준비합시다.

결혼이 중요한 만큼 연애도 중요합니다. 제대로 잘 준비된 연애는 제대로 잘 준비된 가정을 낳습니다. 아름답고 복된 연애는 아름답고 복된 결혼 생활을 보장합니다. 청교도 웨이틀리가 말한 것처럼, 준비 없이 결혼하는 것은 날개 없이 날려는 것과 같고 다리 없이 걸으려는 것과 같으며 눈 없이 보려는 것과 같습니다. 연애는 결혼을 위해 날개를 준비하고 다리를 만들며 눈을 다듬는 시간입니다. 연애는 중요합니다. 부디 이 지침서가 연애 때문에 혼란에 빠져 있는 청년들을 성경 속으로 인도하여 말씀이 모든 것에 등불이 된다는 사실을 보여 줄 수 있기를 바랍니다. 이 땅의 청년들이 복되고 아름다운 연애를 하여 복되고 아름다운 가정을 낳아서 복되고 아름다운 교회가 많이 세워질 수 있기를 기도합니다.

# 목차

연애를 말하다

첫째

# 연애하기 전, 결혼 공부

## 현대 사회의 결혼관

최근 통계청의 조사에 따르면, 청소년(13–24세)의 62% 정도가 혼전 동거를 찬성한다고 합니다. 또한 청소년의 절반 이상(51.4%)이 결혼에 대해 '해도 좋고 하지 않아도 좋다'는 응답을 했다고 전합니다.[1] 결혼에 대한 전통적인 개념이 파괴되고 있습니다. 유럽과 미국 등의 서구 문화가 '결혼관'에도 큰 영향을 미치고 있는 것입니다. 한국 사회를 휩쓸고 있는 성에 대한 가치 변화는 '세상 속의 그리스도인'에게도 알게 모르게 영향을 줍니다. 2014년 한국교회탐구센터에서 조사한 바에 따르면, 그리스도인 미혼

---

[1] 하남현, 「청소년 2명 중 1명 "결혼, 해도 좋고 안 해도 좋다"」, 〈중앙일보〉, 2017.04.19. http://news.joins.com/article/21489869.

남녀 중에 성 경험을 한 사람들이 예상보다 많아 충격을 주었습니다. 남성은 약 59%, 여성은 약 44%였는데, 이 비율은 그 동안의 조사 결과에 비해 획기적으로 높아진 것입니다.[2] 이와 같은 통계는 교회 안에서조차 제대로 된 '결혼 공부'가 진행되지 않았음을 증명합니다. 성경에 따르면, '성'은 반드시 결혼 관계 안에서만 허용되기 때문입니다. 다음 말씀을 읽어 보십시오.

> 모든 사람은 결혼을 귀히 여기고 침소를 더럽히지 않게 하라 음행하는 자들과 간음하는 자들을 하나님이 심판하시리라 _히브리서 13:4

### 결혼은 공부의 대상이다

결혼을 공부해야 합니다. 우리가 대학을 가기 위해 그토록 열심히 공부하는 이유는 대학 생활이 나머지 인생 전체를 좌우한다고 믿기 때문입니다. 그것이 사실이든 아니든 말입니다. 100만 원짜리 물건을 하나 살 때도 이것저것 많은 것을 재고 사는 것이 일반적입니다. 결혼은 이런 것들에 비할 바가 아닌데, 어째서 공부하지 않고도 결혼할 수 있다고 생각하는 것일까요? '결혼'은 공부의 대상입니다. 다음 글은 현실적인 측면에서 결혼에 대한 성실한 공부가 필요함을 가르칩니다.

---

2 이대웅, 「기독 미혼 청년들, 男 59% 女 44%가 '성 경험 有'」, 〈크리스천투데이〉, 2014.11.17.
https://www.christiantoday.co.kr/news/276366.

최근의 통계에 의하면 기독교 가정의 거의 50%가 이혼에 이른다고 한다. 어떤 생각이 드는가? 우리는 고개를 저으며 "아, 정말 안타까운 일이야"라고 말한다. 그러나 우리도 어떻게 해야 할지는 알지 못한다. 만약 스카이다이빙을 하는 사람들의 50%가 죽는다면 어떻게 될까? 이륙하는 모든 항공기의 50%가 추락한다면? 식당에서 파는 음식의 50%가 인체에 유해한 것으로 판명 난다면? 이런 일들이 현실이 된다면 사람들은 어떻게 반응할까? 아마도 엄청난 재정과 수많은 인력을 동원하고 밤을 새워 연구를 해서라도 해결책을 찾으려 할 것이다.[3]

결혼이 공부의 대상이라는 주장이 현실적인 측면만 고려해서 나온 것은 아닙니다. 성경이 그것을 주장합니다. 성경은 처음부터 결혼에 대한 이야기를 담고 있습니다. 구약 성경에는 결혼과 관련된 수많은 이야기들이 있습니다. 율법은 결혼에 대한 규정들을 가르칩니다. 신약 성경에는 결혼에 대한 직접적이 교훈들이 많습니다. 성경은 혼인 잔치로 끝이 납니다. 이처럼 성경을 읽기 시작하면 '결혼'이 성경의 중요한 주제임을 금방 알 수 있습니다.

### 어떻게 공부해야 하는가

결혼은 공부의 대상입니다. 그렇다면 결혼을 "어떻게" 공부해야 할까요? 결혼을 제대로 공부하기 위해서는 몇 가지 규칙이 필요합니다.

---

3  케니 잭슨, 『연애하기 전, 결혼 공부』(고양: 예수전도단, 2014), 19.

첫째, 연애하기 전에 결혼을 공부하십시오. 연애 감정, 곧 강렬한 사랑의 감정에 빠진 사람에게는 이성적인 호소가 통하지 않습니다. 감정이 최종적인 잣대가 되기 때문입니다. 그러므로 연애를 시작하기 전에 '성경적 결혼관'을 충분하게 공부하는 것이 좋습니다. '연애하기 전 결혼 공부'는 결혼에 대한 관점뿐만 아니라 배우자에 대한 가치관을 함께 마련해 주기 때문에 상당히 유익합니다.

둘째, 좋은 책으로 결혼을 공부하십시오. 앞으로 배우겠지만, 그리스도인에게 결혼 자체는 최종적인 목적이 아닙니다. 결혼을 도구로 우리는 더 고귀하고 높은 지식을 배우게 됩니다. 그러므로 시중에 나와 있는 수많은 결혼 관련 책들을 분별하는 것은 중요합니다. 꽤 많은 책들이 '결혼 자체를 최종적인 목적'으로 다루면서 얄팍한 지식만을 전달하기 때문입니다. 성경에 충실한, 가능하면 개혁주의에 기반한 '결혼 관련 책'들로 공부하시기 바랍니다.

셋째, 모범이 되는 부부에게 결혼을 배우십시오. 모범이 되는 부부는 결혼과 관련한 최고의 책입니다. 글에서 배울 수 없는 살아 있는 지식을 배울 수 있습니다. 교회 안에 있는 좋은 가정과 긴밀한 관계를 가지며 결혼에 대해 이것저것 물어보십시오. 귀한 공부가 될 것입니다. 다만 여기에도 주의할 부분이 있는데, 모든 부부에게 배울 필요는 없다는 것입니다. 결혼했다는 것 자체가 성공적인 결혼의 잣대는 아니기 때문입니다. 잘못된 지식을 전달하는 부부가 있을 수 있다는 것도 유념해야 합니다. 엉터리로 결혼한 사람이 자기만의 방법을 그럴듯한 결혼 성공법으로 포장하는 경우가 있음을 명심하십시오.

넷째, 교회에서 가르치는 결혼 준비 반에 참여하십시오. 혹은 출석하고 있는 교회의 목사에게 배우십시오. 결혼은 교회와 긴밀한 관계를 맺고 있습니다. 가정과 교회는 하나님께서 이끌어 가시는 구속의 역사에서 가장 중요한 부분을 담당하는 기관입니다. 가정을 통해 교회를, 교회를 통해 가정을 세우시는 것이 하나님의 뜻입니다. 그러므로 출석하고 있는 교회에서 '결혼'을 배우는 것이 좋습니다. 결혼을 준비하고 가정을 세우는 일에 교회의 지도를 받고, 교회를 세우고 섬기는 일에 가정이 헌신하는 것이 성경적입니다.

다섯째, 꾸준하게 공부하십시오. 결혼을 공부한다는 것은, 결혼이라는 제도를 공부하는 것이 아니라 결혼이라는 관계를 공부하는 것입니다. 결혼 관계는 사랑을 배우고 실천할 수 있는 최고의 관계입니다. 결혼에 대한 공부는 사랑에 대한 공부이기도 합니다. 그러므로 결혼 공부를 깊이 있게 하기 위해서는 꾸준히 하는 수밖에 없습니다. 성경이 정의하는 사랑이 무엇이고, 사랑을 어떻게 실천할 것이며, 그 사랑의 열매가 무엇인지를 계속하여 공부해야 합니다. 이 공부는 책으로만 하는 것이 아니라 실제 관계 안에서 하는 것입니다.

## 무엇을 공부해야 하는가

이제 연애하기 전 결혼 공부를 할 때 "무엇을" 공부해야 할까요?

첫째, 결혼 생활에서 '신앙'이 얼마나 중요한지를 공부해야 합니다. 부부 관계는 그리스도와 교회의 관계를 가르치며, 가정의 목적은 하나님의 영광을 드러내는 것입니다. 한마디로 말하자면, 결혼은 '당신의 행복'이 아니라 '당신의 거룩'을 목표로 합니다. 그러면 한 번 생각해 봅시다. 자녀를 양육하면서 하나님을 높이고, 배우자를 통해 거룩하게 다듬어져 가며, 배우자와 한 몸이 되어 그리스도와 교회의 한 몸 관계를 배우는 것이 결혼의 목적이라면, 회심하지 않은 사람을 만날 수 있을까요? 신앙이 없는 사람에게 이런 것들을 요구할 수 있을까요? 죄의 본성을 지니고 태어난 사람은 매우 이기적입니다. 무엇을 하든지 자신의 행복을 추구합니다. 그러므로 회심하지 않은 사람에게 행복을 포기하고 거룩을 추구하라고 말하는 것은, 육식 동물에게 육식을 포기하고 초식을 하라고 말하는 것과 다를 바가 없습니다. 신앙이 없는 사람과는 절대로 한 몸을 이룰 수 없습니다. "또 배우자가 아직 회심하지 않았고, 그래서 회심에 대해 소중하게 여기지 않는다면 자녀 양육이나 다른 문제들에 대해 서로 생각이 다를 것이고 이는 갈등이 될 것입니다."[4]

---

4  한재술, 『이 사람이 그 사람입니까』(수원: 그책의사람들, 2013), 43.

이것은 스스로도 명심해야 할 교훈입니다. 연애를 하기 전에 자신의 믿음을 철저하게 점검하는 것은 필수입니다. 구원의 확신, 회심의 열매, 그리고 교회를 향한 헌신된 마음을 살펴야 합니다. 회심의 여부를 신중히 점검하는 것은 신앙을 자라게 하는 방법이기도 합니다. 선택에 대한 확신은 믿음을 굳게 하고, 하나님을 열렬히 사랑하게 하며, 계명을 부지런히 지키게 하는 원동력이기 때문입니다.[5] 신앙을 중심으로 삶의 체계를 만드는 것은 결혼 준비의 핵심입니다. 신앙과 결혼은 전혀 다른 영역에 속해 있는 두 가지 인생이 아닙니다. 결혼은 신앙 속에 포함된 인생입니다. 그러므로 신앙을 중심으로 만들어진 삶의 체계 속에서 결혼을 설계해야 합니다. 종종 결혼 이후부터 열심히 신앙생활을 하겠다고 다짐하는 사람들이 있는데, 그것은 거짓말입니다. 또한 결혼과 동시에 신앙을 소홀히 하는 사람들도 있는데, 마찬가지로 그들은 거짓 신앙의 소유자일 가능성이 높습니다. 신앙과 결혼은 결코 분리되지 않기 때문입니다. 이렇듯 신앙은 결혼 생활의 근간입니다. 다음의 책에서 도움을 얻을 수 있습니다.

---

5 "이렇게 자신들이 택하심을 입었음을 깨닫고 확신하는 것은, 하나님의 자녀들에게 하나님 앞에 매일 겸비하고, 그분 자비의 깊이를 찬송하며, 자신을 정결하게 하고, 그분께 감사하며, 그토록 크신 사랑을 먼저 자신들에게 보여 주신 하나님께 열렬한 사랑을 돌려 드릴 더 큰 이유가 된다. 이 선택 교리와 이 교리를 묵상하는 것이 결코 하나님의 계명을 지키는 데 나태하게 하거나 육적인 평안함에 잠들게 하지 않는다." – 도르트 신조 첫째 교리 13항 "이 확신의 가치"

**마틴 로이드 존스, 「그리스도인의 결혼 생활」(생명의말씀사)**

이 책은 그리스도인에게 가정이 얼마나 중요한지를 밝힙니다. 에베소서 5장의 말씀을 근거로 결혼이 무엇이고 가정이 어떤 것이며 결혼 생활은 어떠해야 하는지를 가르칩니다. 특히, 그리스도의 속죄를 알고 믿는 것이 결혼에서 얼마나 중요한지를 강조합니다. 결혼 생활의 원리에서 신앙이 중요하다는 것과 성경을 통해 배워야 한다는 것을 이보다 더 잘 가르칠 수 없습니다. 연애하기 전 결혼 공부를 할 때 반드시 읽어야 하는 책입니다.

둘째, 성경적인 결혼이 무엇인지를 배워야 합니다. 결혼 생활은 생각보다 복잡합니다. 많은 인간관계가 얽혀 있기 때문입니다. 배우자 부모님과의 관계, 친척과의 관계, 배우자 친구와의 관계 등이 의외의 상황에서 갈등의 원인으로 찾아오기도 합니다. 또한 결혼 생활 중에는 선택하고 결정해야 할 일들이 끝없이 있습니다. 돈 문제, 이사 문제, 자녀 양육 문제, 각종 물품 구입 문제 등이 싸움을 일으키기도 합니다. 이에 더해 사소한 자존심 대결까지 결혼 생활을 폭파시킬 수 있는 폭탄들은 얼마든지 있습니다. 그렇기에 결혼에 대한 공부가 더욱 절실합니다. 성경은 결혼 생활에 관해 상당히 많은 것을 구체적으로 말하고 있습니다. 너무 사소하고 일상적인 것이라 성경에는 없을 것이라고 추정하는 사람들이 많이 있지만, 성경은 의외로 아주 세밀하게 결혼 생활을 안내합니다. 그만큼 결혼이 중요하다는 의미입니다.

성경을 통해서 결혼에 관해 배울 수 있는 것은 많습니다. 먼저 결혼의 의미와 목적을 배울 수 있습니다. 성경은 왜 결혼해야 하는지, 무엇을 위해 결혼 생활을 해 나가야 하는지를 말해 줍니다. 또한 어떻게 관계를 정리해 나가야 할지도 가르칩니다. 배우자와의 관계, 부모와의 관계, 친구와의 관계, 자녀와의 관계 등에서 우선순위가 무엇인지를 정확히 밝혀 줍니다. 가정 안에서 남편과 아내의 역할도 선명하게 말해 줍니다. 선택의 문제, 돈 문제, 자존심 문제가 서로 부딪힐 때마다 어떻게 해결해야 하는지도 가르칩니다. 성경은 결혼 생활 중에 일어날 수 있는 모든 일에 대해 가르치고 있습니다.

물론 결혼 전에 결혼을 공부하는 것은 이론일 뿐입니다. 실제 결혼 생활에서 그 이론을 적용하는 것은 쉽지 않습니다. 하지만 무지한 상태에서 맞이하는 갈등과 해결책을 알고 맞이하는 갈등은 다를 수밖에 없습니다. 이미 터져 버린 상태에서 지뢰 찾는 방법을 배우는 것보다 교실에 앉아서 지뢰 찾는 방법을 배우는 것이 현명합니다. 마찬가지로 수많은 갈등과 다툼 끝에 마지막 수단으로 성경적 결혼관을 배우는 사람들보다 성경적 결혼관을 배운 후에 갈등과 다툼을 맞이하는 사람들이 지혜롭습니다. 그러므로 성경을 통해 결혼 전반을 공부하는 것은 필수입니다. 다음의 책에서 도움을 얻을 수 있습니다.

**팀 켈러, 『팀 켈러, 결혼을 말하다』(두란노)**
결혼 전반을 성경적인 관점으로 조망하기에 이보다 좋은 책은 없습니다. 청년들의 필독서입니다. 다소 가벼운 결혼 관련 서적보다는 무게감이 있고 쓸데없이 신학적인 책보다는 편안합니다. 개혁주의적 관점에서 현대의 결혼을 비판하고, 성경이 말하는 결혼을 추적하는 이 책은 매우 실용적입니다. 결혼의 의미와 목적을 밝히고, 올바른 결혼 생활은 어떠해야 하는지를 가르칩니다. 공감되지 않는 미국 사례가 단점이기는 하지만, 전반적으로는 훌륭한 통찰력을 줍니다. 이 책을 중심으로 성경적 결혼관을 갖게 되기를 추천합니다.

### 김홍전, 『혼인, 가정과 교회』(성약)

성경과 개혁주의 신앙고백을 기초로 결혼이 가정과 교회 속에서 어떤 의미인지를 말해 주는 책입니다. 독립개신교회 김홍전 목사님 설교를 묶은 책으로 성경에서 발견할 수 있는 결혼에 관한 교훈을 강론합니다. 이 책을 읽는 사람은 결혼의 고귀함과 하나님께서 결혼을 통해 드러내시고자 하는 것은 그보다 더욱 고귀함을 알게 됩니다. 개혁주의 결혼관의 표준과도 같은 책입니다. 깊이 읽고 묵상하기를 권면합니다.

### 조현삼, 『결혼 설명서』(생명의말씀사)

팀 켈러의 책은 미국적이고 김홍전의 책은 신앙고백적입니다. 반면에 조현삼의 책은 한국적이고 실용적입니다. 어떤 부분은 너무 가볍고 어떤 부분은 다소 유교적이지만, 전반적으로 성경에 충실합니다. 또한 쉽고 공감되는 부분이 많다는 장점이 있습니다. 위의 두 책과 더불어 읽는다면, 결혼 전반에 대해 공부할 수 있는 좋은 참고서가 될 것입니다.


성경을 제외하고는 어떤 책도 완벽할 수 없습니다. 저자의 관점이 녹아 있기 때문인데, 저자는 시대와 공간의 영향을 받아서 관점을 만들어 갑니다. 그러므로 서로 다른 관점의 책들을 두루 읽어서 결혼에 대한 균형 잡힌 시각을 만드는 것이 중요합니다. 그런 의미에서 위의 세 책을 번갈아 가며 여러 번 읽는다면, 큰 도움을 받을 것입니다.

셋째, 남자와 여자의 특징을 배워야 합니다. 결혼을 한마디로 정의한다면, 남자와 여자가 한 몸을 이루어 가는 것입니다. 그러므로 결혼을 잘 준비하기 위해서는 남녀에 관한 공부가 필수적입니다. 남자는 여자의 특징에 대해서, 여자는 남자의 특징에 대해서 배워야 합니다. 뿐만 아니라 남자는 남편의 역할을, 여자는 아내의 역할을 반드시 성경을 통해 알아야 합니다. 이것은 오늘날에 특히 중요한 작업입니다. 남녀평등, 남녀 차별 폐지 등을 주장하는 거센 사상적 조류가 성경이 말하는 남녀의 의미를 공격하고 있기 때문입니다. 하나님은 사람을 창조하시되 남자와 여자로 창조하셨습니다. 이것은 남자와 여자가 동등하나 '같지는 않음'을 가르칩니다. 하나님은 남자와 여자의 신체적 조건을 다르게 만드신 것처럼 남자와 여자의 역할도 구분하셨습니다. 무엇보다 가정 안에서 남자는 남편의 역할을 감당하도록 명령하셨고, 여자는 아내의 역할을 감당하도록 명령하셨습니다. 그러므로 남자와 여자는 결혼 관계 안에서 서로를 향해 편견 어린 자기의 관점이나 유행하는 세상의 관점을 따라 대해서는 안 됩니다. 성경의 관점을 따라 대해야 합니다.

먼저, 남편은 남자가 왜 창조되었는지를 공부해야 합니다. 결혼 관계 안에서 남편의 역할이 무엇인지, 아버지의 역할이 무엇인지를 충실하게 배워야 합니다. 또한 여자는 어떤 존재인지도 배워야 합니다. 베드로가 말한 것처럼 지식을 따라 아내를 귀히 여겨야 하기 때문입니다(벧전 3:7). 아내는 여자가 왜 창조되었는지를 공부해야 합니다. 아내와 어머니의 역할을 배워야 하고, 남자는 어떤 존재인지도 알아 가야 합니다. 그래야만 한 몸 관계를 잘 이루어 갈 수 있습니다. 다음의 책들을 살피면 도움이 될 것입니다.

### 존 파이퍼, 『남자와 여자, 무엇이 다른가』(부흥과개혁사)

이 작은 책은 남성다움과 여성다움을 매우 간결하고 선명하게 말하고 있습니다. 저자는 남성이 여성다워지려 하고 여성이 남성다워지려 하는 현대적인 흐름에 반론을 제기합니다. 오히려 성경이 말하는 남성다움을 회복하는 것만이 여성과 참으로 연합하는 유일한 길이고, 여성다움을 회복하는 것만이 남성과 참으로 연합하는 유일한 길이라고 주장합니다. 그러면서 남성다움이 무엇이고, 여성다움이 무엇인지를 차근차근 설명합니다. 상당히 얇은 책이라 손쉽게 읽을 수 있습니다. 청년들의 필독서입니다.

### 노옴 웨이크필드, 『남자들을 위한 지혜』(홈앤에듀)

제목 그대로입니다. 이 책은 남자들을 위한 스무 가지의 지혜를 가르칩니다. 저자는 보수적인 성경 해석을 통해 남자들에게 권면합니다. 결혼 관계뿐만 아니라 삶의 전반에서 찾아올 수 있는 남자들만의 문제를 어떻게 하면 성경적으로 해결할 수 있을지를 다룹니다. 예를 들어, '무엇을 해야 할지 모를 때, 일에 치일 때, 유혹을 받을 때, 죄를 지었을 때' 등입니다. 결혼과 가정 관련해서도 구체적인 방법들을 가르칩니다. '아내와 의견 차이가 있을 때, 아내가 화를 낼 때, 가족을 이끌려면, 자녀와의 관계를 회복하려면' 등입니다. 어떤 부분에서 있어서는 근본적이라 느껴질 수도 있겠지만, 성경 안에서 생활하려는 저자의 신앙을 배울 수 있다는 것만으로도 유익한 책입니다.

### 낸시 레이 드모스, 『여자들이 믿고 있는 새빨간 거짓말』(좋은씨앗)

저자는 여성들이 가지고 있는 편견을 공격합니다. 당연한 것이라 믿었던 것들이 사실은 사탄의 새빨간 거짓말이라고 주장합니다. 위의 책처럼 근본적인 면모가 있지만, 성경 안에서 여성다움을 찾으려는 저자의 신앙을 배워야 합니다. 저자는 여덟 가지 거짓말을 가르치는데, '자신에 대한 거짓말, 결혼에 대한 거짓말, 자녀에 대한 거짓말, 감정에 대한 거짓말' 등입니다. 여자들을 공격하고 있는 세속적인 사상을 분별하고 하나님께서 말씀하시는 성경적인 여성관을 갖추고 싶은 분들에게 꼭 추천하고 싶은 책입니다.

넷째, 자녀 양육에 관해 배워야 합니다. 하나님은 언약을 통해 구속사를 전개하시면서 가정을 언약의 공동체로 사용하십니다. 믿음의 가정 안에서 태어난 자녀를 언약의 자녀로 삼으신다는 것입니다. 그러므로 자녀를 내 인생의 보상이나 마음의 우상으로 삼아서는 안 됩니다. 자녀를 주시는 목적과 자녀를 양육하는 방법을 미리 철저하게 공부해야 합니다.

많은 사람들이 아무런 준비 없이 부모가 됩니다. 부모가 되면 자연스럽게 자녀를 양육할 수 있다고 믿습니다. 부모가 된 후에는 이것저것 마구 배웁니다. 일반적으로 자녀를 양육하면서 두 가지가 큰 영향을 미치는데, 첫째는 자신이 자라 온 환경입니다. 자신에게 부정적인 영향을 미쳤다고 판단하는 것은 극단적으로 제거하고 긍정적인 영향을 미쳤다고 생각하는 것은 극단적으로 받아들입니다. 둘째는 주변 환경입니다. 주변에서 해 주는 말과 교육 환경에 큰 영향을 받습니다. 이것이 좋다고 하면 이것으로 갔다가, 저것이 좋다고 하면 저것으로 갑니다. 결국 부모의 편견과 욕심 탓에 자녀는 '하나님의 자녀'로 성장할 기회를 놓칠 위험에 빠져 버립니다.

하나님은 자녀 양육 방법을 성경 안에 풍성히 기록해 놓으셨습니다. 그리스도인의 자녀 양육은 그 자체로 구속의 역사이기 때문입니다. 그러므로 청년들은 연애하기 전 자녀 양육에 관해 공부하는 것이 좋습니다. 자녀 양육은 그냥 대충 땜질하듯이 할 수 있는 것도 아니고 인재 양성처럼 하는 것도 아닙니다. 자녀 양육 자체는 일종의 목회입니다. 자녀를 하나님 나라의 제자로 만들어 가는 것이 자녀 양육의 목표이기 때문입니다. 다음의 책을 통해 자녀 양육의 방법을 배울 수 있습니다.

**조엘 비키, 『언약 자손으로 양육하라』(성서유니온선교회)**

사실 이 책보다 훨씬 더 상세하고 풍성한 내용이 담겨 있는 같은 저자의 책이 있습니다. 『하나님의 약속을 따르는 자녀 양육』(지평서원)입니다. 철저히 개혁주의적인 관점에서 기록된 매우 훌륭한 책입니다. 부모들은 이 책을 꼭 읽기를 권면합니다. 그럼에도 불구하고 이 소책자를 추천한 이유는 연애하기 전에 공부하기에는 이 책이 더 유익하기 때문입니다. 자녀 양육과 관련된 교훈을 핵심적으로 간결하게 전하고 있습니다. 아직 짝을 만나지 못한 청년이라도 최소한 이 정도의 책은 읽고 연애를 시작하는 것이 좋습니다. 그래야 어떠한 가정을 만들어 나갈지를 계획할 수 있고, 그에 따라 배우자를 만날 수 있기 때문입니다.

**다섯째, 건강한 관계를 배워야 합니다.** 결혼을 간단히 정의하자면, '남자와 여자가 한 몸을 이루어 가는 것'이라고 했습니다. 또한 이를 위해 남성다움과 여성다움이 무엇인지를 꼭 공부해야 한다고 했습니다. 그렇다면 이제는 '이루어 가는 것'에 관해서도 공부해야 합니다. 그것을 관계에 대한 배움이라고 할 수 있습니다. 결혼을 하면 건강하고 친밀한 관계가 저절로 생겨나는 것이 아닙니다. 결혼하기 전 관계가 결혼 생활 속에 고스란히 나타납니다. 그러므로 평소부터 성경적인 관계가 무엇인지를 잘 배워서 그 관계의 원리를 모든 사람들과의 관계 속에서 실천해야 합니다. 일상의 관계가 파괴되어 있는 사람은 배우자와의 관계도 파괴되고, 자녀와의 관계도 파괴되기 마련입니다. 관계는 기본적으로 신앙 인격에 따라 좌우되기 때문입니다.

사랑이라는 열매로 관계를 맺어 가는 사람은 모든 관계에서 친밀함을 맛봅니다. 반면에 이기심이라는 욕망으로 관계를 맺어 가는 사람은 모든 관계를 수단으로 여깁니다. 관계를 통해 섬기는 것이 아니라 자기만족을 채우려 든다는 것입니다. 사랑이 무엇인지 모른 채 이기적인 열망으로 연애를 하는 사람도 초반에는 제법 친절하고 배려할 수 있습니다. 그래야 자신이 원하는 것을 얻을 수 있기 때문입니다. 하지만 시간이 지날수록 상대를 이용하는데, 결혼이라는 절정을 지난 후에는 상대에게 마땅히 베풀어야 하는 사랑을 주지 않습니다. 이기적인 사람은 항상 친밀함을 갈구하고 외로움을 호소하면서 '상대가 나를 위해 무엇인가를 해 줘야 한다'고 주장합니다. 그는 직장에서도 관계가 파괴되어 있고, 교회에서도 관계가 깨져 있습니다. 당연히 결혼 후에도 가족과 참된 친밀감을 형성하지 못합니다.

그러므로 결혼을 준비하는 청년들은 '하나님께서 요구하시는 참된 관

계'가 무엇인지를 공부해야 합니다. 어떻게 해야 한 몸을 이루어 갈 수 있
는지를 평소부터 훈련해야 합니다. '남'과 '우리'를 이루어 갈 줄 아는 사람
은 배우자와도 한 몸을 이루어 갈 수 있습니다. 다음 책은 관계에 대해 성
경적인 통찰력을 제공합니다.

**에드워드 T. 웰치, 『사람이 커 보일 때, 하나님이 작아 보일 때』(개혁주의신학사)**

원제는 '사람들은 크고 하나님은 작을 때'입니다. 저자는 모든 관계의 문제가
바로 여기서부터 출발한다고 지적합니다. 사람들을 크게 여기고, 하나님을
작게 여길 때 관계가 파괴됩니다. 하나님으로부터 얻어야 하는 사랑과 칭찬
을 사람에게서 얻고자 할 때, 관계는 우상이 됩니다. 우상이 된 관계는 그 자
체로 치명적입니다. 사람을 두려워하게 되고 늘 거절감을 호소하게 되고 수
치심과 원망으로 관계를 맺게 됩니다. 사람을 만족시키기 위해 헛된 노력을
계속하다가 낙심하고 지쳐 버립니다. 그러고는 관계 맺음을 포기합니다. 그
는 참된 친밀감보다 거짓된 친밀감을 추구하는 위선적인 인물이 되어 버립니
다. 이 책은 관계의 핵심이 무엇인지를 다루며, 동시에 어떻게 해야 참된 친
밀감을 얻을 수 있는지를 가르칩니다. 청년들은 저자가 가르치는 성경적 관
계 방법을 잘 이해해서 일상의 관계부터 시작하여 연애 관계에 이르기까지
실천하며 배워야 합니다. 이것을 청년 시절에 잘 훈련한 사람은 결혼 생활에
서 진정한 한 몸이 무엇인지를 맛보게 될 것입니다.


여섯째, 연애하는 방법을 배워야 합니다. 성경적인 결혼관을 잘 공부한 사
람은 어떤 사람을 만나서 어떻게 연애해야 할지를 자연스럽게 알게 됩니
다. 무엇이 더 중요하고 무엇이 덜 중요한지를 배우기 때문입니다. 그럼에
도 불구하고, 성경적인 연애법을 배우는 것도 필요합니다. 연애 감정을 채

우고 외로움을 달래는 것이 연애의 최종적인 목적은 아닙니다. 연애는 구혼의 과정입니다. 구혼이란 결혼할 상대자를 구하는 것입니다. 따라서 건전한 연애에는 낭만적인 요소에 더해 지성적인 요소가 있어야 합니다. 분별력이 필요하다는 뜻입니다. 많은 청년들이 신앙과 상관없이 연애를 합니다. 대개는 영화나 TV와 같은 대중문화에서 연애를 배웁니다. 그렇기에 많은 청춘 남녀들이 낭만이라는 감정을 가장 중요한 것으로 여깁니다.

하지만 결혼이 얼마나 중요한지를 아는 사람은 연애 자체가 일종의 신앙 활동임을 깨닫습니다. 결혼을 통해 하나님의 영광이 드러나고, 자녀를 통해 구속의 역사가 전개되며, 배우자를 통해 거룩하게 되어 가는 것이 결혼의 목적이라면, 연애가 얼마나 거룩한 활동입니까? 연애는 그 자체로 경건한 활동이기 때문에 신앙적인 테두리 안에서 연애를 배워 가야 합니다. 안타깝게도 성경적인 연애에 관해서는 아직까지 좋은 책들이 많이 없습니다. 다음 책은 연애와 관련하여 거의 유일하게 건전한 신학을 담고 있습니다.

**한재술, 「이 사람이 그 사람입니까」(그책의사람들)**

시중에 나와 있는 대부분의 연애 관련 책은 너무 개인적이거나 감정적입니다. 반면에 이 책은 교회 공동체적이면서 매우 신중합니다. 청년들은 이 책으로 상당한 유익을 얻을 수 있습니다. 이 책은 구혼이 무엇이고 결혼이 무엇인지를 설명합니다. 하지만 백미는 그리스도인의 연애가 교회와 함께 만들어져 가야 한다는 주장입니다. 어찌 보면 굉장히 파격적인 주장일 수 있지만, 차분하게 읽어 보면 동의할 수밖에 없습니다. 또한 이 책에는 구혼의 과정 속에서 실천할 수 있는 다양한 방법들을 제시하고 있는데, 꼭 활용해 볼 것을 권면합니다. 청년들의 필독서입니다.

결혼을 공부해야 합니다. 특히, 연애하기 전 결혼을 공부해야 합니다. 지식은 관점을 만들고, 관점은 선택을 하게 하며, 선택은 인생을 건축하기 때문입니다. 연애하기 전 결혼을 공부한 사람과 그렇지 않은 사람은 확연히 다른 결혼 생활을 하게 될 것입니다. 결혼한 부부가 그 자체로 신앙생활을 하고 있는 것이라면, 청년은 결혼을 향해 가는 과정 자체가 신앙생활입니다. 아무런 준비 없이 시간이 되었다고 훌쩍 결혼하지 마십시오. 결혼하기만 하면 어떻게든 되리라는 생각은 아주 무책임한 것입니다. 결혼에는 풍성한 진리가 숨겨져 있고, 결혼 생활에는 신령한 복이 가득합니다. 그러므로 청년들은 힘써 결혼을 공부해야 합니다. 그럴 때 결혼에 대한 소망을 갖고 하나님께 간구할 수 있습니다. 간구하는 자에게 복을 주시는 하나님께서 결혼에 대한 소망을 갖고 간구하는 자에게 결혼의 복을 주십니다. 결혼을 공부합시다.

연애를 말하다

둘째

# 둘째,
# 배우자 찾기는 중요하다

**결혼의 성공 여부는 결혼 전에 결정된다**

2017년 통계청의 자료에 따르면, 2016년 결혼한 부부가 42년 만에 가장 적다고 합니다. 2016년 평균 초혼 연령은 남자 32.8세, 여자 30.1세로 혼인 연령이 꾸준히 증가하는 추세라고도 합니다. 불과 십여 년 전만 해도 30세를 넘기면 '노총각, 노처녀' 소리를 들었는데, 요즘에는 30대 미혼 남녀들이 일반적입니다. 시대의 흐름이 변한 것입니다. 그만큼 결혼하기가 어려운 시대임을 보여 주는데, 사회 평론가들은 경제적인 문제가 큰 영향을 미치고 있다고 진단합니다. 이 외에도 여러 가지 원인이 있을 것입니다. 이런 현실을 보면서 결혼을 부정적으로 생각하는 청년들이 많아지고 있습니다. '꼭 결혼을 해야 하냐'는 것입니다.

이런 판단은 일정 부분 사실입니다. 실제로 결혼 생활에 만족하지 못하고 결국 이혼이라는 파국을 맞이하는 부부들이 많습니다. 결혼 생활이 자기 인생의 십자가라며 탄식을 하는 남편, 지옥 같은 결혼 생활을 빨리 끝내고 싶다는 아내가 의외로 많습니다. 지금도 살얼음판을 걷듯 간신히 결혼 관계를 유지하는 부부들도 많습니다. 서로 사랑해서 결혼을 했는데, 왜 이런 결과를 맞이하게 되었을까요? 그 누구도 이런 관계를 원하지는 않았을 텐데 말입니다. 닐 클락 워렌은 "결혼의 성공 여부는 결혼 전에 이미 80%를 예상할 수 있다"[6]고 주장합니다. 충분히 동의할 수 있는 주장입니다. 모든 부부들은 결혼 전에 자기의 선택을 날마다 마주하며 삽니다. 경건하고 성실한 과정을 거친 부부는 평생 그 열매를 먹으며 삽니다. 반면에 부실하고 조급하게 결혼한 부부는 매일 그 결과와 싸우며 삽니다. 그만큼 배우자 선택은 중요합니다.

> 그리스도인은 결혼에 돌입하기 전에 반드시 지혜로운 결정을 내려야 한다. 일단 결혼하고 나면 좋든 나쁘든 그 관계가 모든 아침과 모든 밤과 모든 주말과 모든 휴일을 지배한다. 배우자는 당신이 밤마다 자리에 눕기 전에 맨 마지막으로 볼 사람이다. 아침에 깨어 맨 먼저 볼 얼굴도 그 얼굴이다. 배우자의 말은 당신을 격려해 줄 수도 있고 낙심에 빠뜨릴 수도 있다. 배우자의 유머는

---

6 닐 클락 워렌, 『평생의 반려자를 선택하는 열 가지 방법』(서울: 요단출판사, 2010), 26. "최신 연구 보고서에 따르면 어떤 젊은이들의 결혼 생활이 과연 성공할 것인지 실패할 것인지의 여부를 그들이 결혼하기도 전에 약 81%까지 정확하게 예측해 낼 수 있다고 한다."

당신을 재미있게 웃길 수도 있고 수치심으로 울릴 수도 있다. 배우자의 몸은 당신을 즐겁게 해 줄 수도 있고 위협할 수도 있다. 배우자의 손은 당신을 붙들어 줄 수도 있고 해칠 수도 있다. 배우자의 존재는 치유의 묘약이 될 수도 있고 온갖 후회를 불러일으킬 수도 있다.[7]

## 배우자 선택은 나머지 삶 전체에 관한 결정이다

배우자는 삶의 일부가 아니라 삶 자체입니다. 이것이 연애와 결혼의 가장 큰 차이점입니다. 연애할 때는 연인이 삶의 일부가 됩니다. 연애 활동이 직장, 가정, 교회 등의 생활과 병렬로 서 있습니다. 연애 활동에 문제가 생긴다고 해서 나머지 생활 전체가 망가지는 일은 없습니다. 하지만 결혼은 다릅니다. 결혼한 후 배우자는 삶 자체가 됩니다. 배우자와 심각한 갈등에 휩싸이게 되면, 나머지 생활 전체가 흔들립니다. 매일 분노와 낙심에 빠져서 살게 됩니다. 반면에 배우자와 참된 친밀감을 누리게 되면, 나머지 생활 전체가 흥겹습니다. 매일 즐겁고 날마다 편안합니다. 배우자는 단순한 동료가 아니라 한 몸으로 묶인 평생의 반려자이기 때문입니다.

배우자 결정이 중요함은 아무리 강조해도 지나치지 않습니다. 결혼 상대를 찾는 것은 나머지 인생 전체에 관한 결정이기도 합니다. 그렇기에 특별한 분별력과 판단력을 요구하는 것입니다. 예를 들어, 집을 계약한다고 생각해 봅시다. 수억 원짜리 집을 계약할 때 '신중하고 성실한 과정'이 없

---

**7**  게리 토마스, 『연애 학교』(서울: CUP, 2017), 40.

이 덜컥 진행하는 사람이 있을까요? 대충 겉모습만 보고 계약하는 사람이 있을까요? 최대한 이것저것을 충분히 검토한 후에 직접 집에 들어가서 꼼꼼하게 살펴볼 것입니다. 뿐만 아니라 전문가의 견해도 경청할 것입니다. 자신이 가지고 있는 최고의 주의력과 지성과 인맥을 동원해서 검토한 후에 계약금을 지불할 것입니다. 좋지 못한 집을 계약하게 되면 사는 내내 괴롭기 때문입니다. 집을 계약하는 것에도 이처럼 고도의 판단력이 필요하다면, 배우자를 선택하는 것은 말할 필요도 없습니다. 순간의 감정이나 상대의 외모, 주변의 여건 때문에 조급하게 결정하는 것만큼 어리석은 일은 없습니다.

### 시간을 두고 잘 살펴보라

만고불변의 진리입니다. 수백 년 전 청교도 목회자 리처드 백스터는 이렇게 말했습니다.

첫째, 배우자를 택할 때 진실로 사랑스러운 사람, 특히 마음의 덕스러움 때문에 사랑하는 마음이 생기는 사람을 택하십시오. 둘째, 전심으로 서로 사랑할 수 있음을 각자가 분명히 하기까지는 결혼하지 마십시오. 그 사람에 대한 사랑이 다른 사람들도 가질 수 있는 정도의 애정이라면 둘의 결혼은 참담한 결과를 맞게 될 것입니다. 셋째, 너무 서두르지 말고 나중에 당신을 질색하게 만들 만한 부분은 없는지 상대방을 먼저 잘 살펴보십시오. 죄악 된 마음으로 배우자를 찾는 것은 수백 년 전에도 중요한 문제였던가 봅니다. 그만큼 결혼이 중요하다는 것이고, 그만큼 실패한 결혼이 많다는 뜻일 것입니다. 리처드 백스터가 권면하고 있는 배우자 선택의 세 가지 기준을 한마디로 말하자면 이렇습니다.

"시간을 두고 잘 살피십시오."

신중해야 합니다. 조급하게 결정해서는 안 되는 이유가 있습니다. 마음은 부패의 근원지이기 때문입니다. 참된 회심자도 이 땅에서는 '마음의 부패'를 완전히 극복할 수 없습니다. 그러므로 자신의 마음과 상대의 마음을 확인하기 위해서는 반드시 시간이 필요합니다. 사랑이라고 생각한 감정이 사실은 한쪽으로 쏠린 편견이나 비틀어진 감정에 장악된 마음일 수 있습니다. 존 번연은 『악인 씨의 삶과 죽음』에서 악인이 순진한 여인을 꾀서 결혼하는 장면을 묘사합니다. 악인은 경건한 여인을 꾀기 위해 자신도 경건한 척을 합니다. 당연히 악인의 죄는 용서받을 수 없는 것이지만, 존 번연은 순진한 여인의 어리석음도 지적합니다.

---

8  리처드 백스터, 『하나님의 가정』(서울: 복있는사람, 2012), 213.

설령 그녀에게 아주 많은 친구들이 있었다 해도, 아마 그녀는 그에게 속았을 것입니다. 왜냐하면 오늘날의 젊은이들은 자기 일은 스스로 결정을 내릴 수 있을 정도로 충분히 지혜롭다고 생각할 뿐만 아니라, 그래서 그런지 그들보다 훨씬 더 지혜로운 연장자들에게 조언을 구할 필요성조차 느끼지 못하고 있는데, 젊은이들의 이런 생각들은 매우 보편적인 추세이기 때문입니다. 하지만 이런 생각은 젊은이들이 아주 크게 잘못 생각하고 있는 것입니다. 젊은이들 대다수가 이런 생각으로 인해 응분의 대가를 치렀습니다.[9]

그녀가 이 일을 교회 회중들에게 알려서 성도들이 이 일을 두고서 시간을 내어 하나님께 기도해 주기를 바랐더라면, 그리고 이 악인의 신앙에 대해 그녀가 판단하기보다는 오히려 그녀도 알고 있듯이 경건하고 사리 분별력이 있으며 편견이 없는 다른 성도들이 판단하도록 하여 과연 그를 받아들일지 알아보았다면, 그녀의 빈약하고 미숙하며 여성적인 편견이 가미된 판단을 신뢰하는 것보다 더 나았을 것입니다. 사랑 앞에서 사람들은 눈이 멀어 맹목적이 되어 버립니다. 그래서 다른 사람들의 눈에는 보이는 수백 가지 허물들이 사랑하는 사람의 눈에는 단 하나도 보이지 않는 법입니다. … 저는 모든 젊은 처녀들이 아첨하는 말들과 가장하는 말들과 거짓말들에 속지 않도록 주의했으면 좋겠습니다. 그리고 이 여인의 경우에서 보는 것처럼 사악한 자들에게 팔려 가지 않도록 자신을 지키는 일에 최선의 노력을 기울였으면 합니다.[10]

결국 이 순진한 여인은 위선자에게 속아 넘어간 대가를 크게 치릅니다. 신중해야 합니다. 감정은 선택의 기준이 될 수 없습니다. 우리 마음은 신뢰의 대상이 아닙니다.

---

9 존 번연, 『악인 씨의 삶과 죽음』(파주: 크리스챤다이제스트, 2015), 148.
10 위의 책, 159-160.

## 배우자 선택의 7가지 주의 사항

그러므로 배우자를 선택하면서 적어도 다음 7가지 정도의 주의 사항은 머리에 담고 있어야 합니다.[11]

첫째, 너무 성급한 결정. 보통 성급하게 결정하는 이유는 두 가지입니다. 상대를 놓치기 싫은 욕심과 아버지 은퇴와 같은 주변 여건 등입니다. 상대를 놓치기 싫은 욕심으로 성급하게 배우자를 선택하는 것은 대부분 외모와 조건을 기준으로 결정할 때입니다. 또한 아버지 은퇴와 맞추어서 결혼하고자 성급하게 배우자를 선택하는 것도 결국 '돈'이 기준일 때가 많습니다. 하지만 결혼은 고작 그런 기준으로 결정할 수 있는 저급하고 세속적인 것이 아닙니다. 하나님께서 만드신 결혼의 고귀함을 제대로 아는 사람은 결코 성급하게 배우자를 선택하지 않습니다. 다음은 교제 기간이 결혼 생활의 만족도에 영향을 미친다는 글입니다.

> 몇 년 전, 캔사스 주립 대학에서 여러 사람들의 실제 경험을 토대로 한 연구 결과를 책으로 내놓았다. 그 책은 결혼하기 전 당사자들이 가능한 한 많은 시간을 함께 보내는 것이 얼마나 중요한가 하는 점을 강조하고 있었다. 연구 사례로 든 51명의 중년 부인들을 통해, 결혼하기 전 현재의 배우자들과 얼마나 오래 교제했느냐에 따라 현재의 결혼 생활에 대한 만족도가 상당히 다르다는 것을 알아내었다. … 이와 같은 결과로 볼 때, 결혼 생활의 실패율을 감소시

---

11 아래의 글은 닐 클락 워렌의 『평생의 반려자를 선택하는 열 가지 방법』 26-64페이지의 글을 참고하여 생각을 더하였습니다.

킬 수 있는 획기적인 방법을 우리는 결혼 전의 충분하고도 오랜 교제 기간에서 찾을 수 있겠다.[12]

둘째, 너무 어린 나이에 결정. 결혼에 대한 공부와 준비가 잘 되지 않은 상태에서 배우자를 결정하는 것은 섣부릅니다. 대개는 감정을 따른 결정이기 때문입니다. 어린 나이에 연애를 반복하는 것도 좋은 선택이라 볼 수 없습니다. 배우자를 선택하는 경건한 시각은 많은 경험으로 만들어지는 것이 아닙니다. 20대 초반에는 '결혼을 공부하면서' 몸과 마음을 정결하게 가꾸는 것이 우선이 되어야 합니다. 너무 어린 나이에 배우자를 선택하지 마십시오.

그러면 어느 정도 나이를 먹어야 결혼할 수 있을까요? 거기에는 여러 가지 복합적인 요인이 작용합니다. 두 당사자가 어느 정도 성숙한 사람인가 하는 것도 따져봐야 하고, 생활력이나 경제적 능력 따위도 고려해야 하며 배움의 정도가 어느 만큼이나 빠른가 하는 것도 생각해야 합니다. 그러나 이 모든 요인들에게도 불구하고 분명히 말할 수 있는데 그것은 통계적으로 볼 때 적어도 20대 중반은 넘어야 결혼 생활이 안정적이라는 점입니다.[13]

셋째, 너무 간절하게 결혼을 하려 함. 결혼은 하나님께서 주신 선물이지만, 동시에 하나님을 대체하는 우상이 될 수도 있습니다. 하나님은 사람에

---

**12** 닐 클락 워렌, 『평생의 반려자를 선택하는 열 가지 방법』(서울: 요단출판사, 2010), 27.
**13** 위의 책, 33.

게 결혼 제도를 주셔서 그 안에서 풍성한 복을 누리도록 하셨습니다. 하지만 그것은 결혼의 열매일 뿐이지 결혼의 목적은 아닙니다. 결혼의 궁극적인 목적은 하나님의 영광입니다. 따라서 '결혼'에 목을 매는 것은 올바른 태도가 아닙니다. 자칫하면 결혼이 자기만족을 위한 수단으로 전락해 버릴 수 있기 때문입니다. 너무 간절하게 결혼을 하고자 하는 사람은 배우자 선택에서 큰 실수를 범할 수도 있습니다. 왜 결혼을 하려는지를 스스로에게 늘 물으십시오.

넷째, 남을 위해 결혼하려 함. 의외로 많은 사람들이 '남을 위한 목적'으로 배우자를 선택합니다. 어머니를 위해서, 아버지를 위해서, 형제자매를 위해서, 심지어 상대를 위해서 결혼하고자 합니다. 이것은 아주 위험한 발상입니다. 우리는 그 누구의 구원자도 될 수 없습니다. 오직 그리스도만 모든 이들의 구원자가 되십니다. 함부로 '남을 위해 결혼함으로' 은혜를 베풀고자 하지 마십시오.

다섯째, 공통의 경험이 적음. 한 몸이 된다는 것은 법에 따라 결정되지 않습니다. 주민등록등본이 하나로 합쳐진다고 해서 한 몸이 되는 것은 아닙니다. 한 몸이 되기 위해서는, 정서적으로, 경험적으로, 지성적으로, 신앙적으로 공통분모가 늘어나야 합니다. 아무것도 합의가 되지 않은 상태에서 덜컥 배우자를 선택하는 것은 자기 삶을 불구덩이에 던져 버리는 것과 다르지 않습니다. 예컨대, 신앙과 관련하여 공통분모가 전혀 없음에도 불구하고 성급하게 결혼하는 사람들이 있습니다. 하지만 이것은 '결혼하면 어떻게든 되겠지' 하는 막무가내 결정에 불과합니다. 공통분모를 많이 만든 후에 배우자를 선택해도 늦지 않습니다.

> 가능한 한 함께하는 경험의 영역을 넓히는 것이 중요합니다. 배우자 될 사람과 아침부터 저녁까지 함께 시간을 보내십시오. 교통 체증에 걸린 도로 위에서도 있어 보고 한적한 시골길도 걸어 보십시오. 짜증나고 답답한 시간도 보내고 유쾌한 시간도 함께 나누십시오. 상대방이 어린아이들을 어떻게 대하는가 지켜보십시오. 잡다한 집안 일을 어떻게 처리하는가도 관찰하고 돈은 또 어떻게 쓰는지도 살피십시오. 너무나도 많은 젊은이들이 흥분에 겨워 구름 속을 날아다니다가는 그만 그 치명적인 산맥에 가 처박힙니다. 그러나 모든 일을 함께 경험하는 시간이 많으면 많을수록 예상치 못한 산맥을 만날 가능성은 적어집니다.[14]

여섯째, 비현실적인 기대. 우리가 찾는 것은 '완전한 배우자'가 아니라 '진정한 배우자'입니다. 완전무결한 인격과 조건을 갖춘 사람은 이 세상에 없습니다. 과도하게 많은 '체크 리스트'를 들고 배우자를 찾지 마십시오. 비현실적인 기대감을 갖고 배우자를 찾는 사람은 두 가지 실수를 할 가능성이 큽니다. 하나, 상대에 대한 과대망상을 품게 됩니다. 상대의 실제 모습이 아니라 자신이 보고 싶은 모습을 덧씌워서 보게 된다는 것입니다. 또 다른 하나, 관계에서 발생하는 모든 문제를 상대에게 덮어씌웁니다. 완전하

---

**14**  위의 책, 46.

지 않은 상대에 대한 실망감은 상대를 정죄하기 마련입니다. 그러므로 비현실적인 기대를 버리고 상대가 '진정한 배우자'인지를 현실적으로 잘 헤아려야 합니다.

일곱째, 성격이나 습관에 중대한 문제가 있는 경우. 결혼은 회심이 아닙니다. 결혼한다고 모든 것이 뒤바뀌지 않습니다. 밥을 많이 먹는 사람은 결혼한 후에도 밥을 많이 먹습니다. TV 시청을 좋아하는 사람은 결혼한 후에도 TV 시청을 좋아합니다. 포르노를 즐겨 보는 사람은 결혼한 후에도 포르노를 즐겨 봅니다. 게임에 중독된 사람은 결혼한 후에도 게임에 빠져 삽니다. 습관적으로 분노하는 사람은 결혼한 후에도 분노를 자제하지 않습니다. 성격이나 습관에 중대한 문제를 발견하였다면, 연애를 멈추는 것이 좋습니다. 결혼이 사람을 바꾸지 않습니다.


### 연애를 시작하기 전에 주의 사항을 숙지하라

확증편향이라는 것이 있습니다. "자신의 선입관을 뒷받침하는 근거만 수용하고, 자신에게 유리한 정보만 선택적으로 수집하는 것"[15]을 말합니다. 다시 말해, 자신이 믿고 싶은 것만 믿고 보고 싶은 것만 보는 현상을 뜻합니다. 이 확증편향이 굉장히 강해질 때가 바로 '연애할 때'입니다. 감

---

15  한경경제용어사전. http://terms.naver.com/entry.nhn?docId=2211786&cid=42107&categoryId=42107.

정에 사로잡힌 사람은 주변 사람이 전하는 상대의 단점을 무시합니다. 치명적인 결점이 발견되었음에도 불구하고 눈을 가리고 귀를 막습니다. 자신의 선택이 틀렸음을 받아들이고 싶지 않은 심리도 한몫합니다. 그렇기에 연애를 시작하기 전에, 곧 배우자를 선택하기 전에 주의 사항들을 충분히 숙지하는 것이 중요합니다.

### 나 자신을 배우자로 준비하기

평생의 반려자를 선택하는 일이 얼마나 중요한지를 살펴봤습니다. 이제는 배우자를 찾는 방법과 과정을 알아보겠습니다. 가장 먼저 해야 할 것은 '나 자신을 배우자로 준비하는 일'입니다. 이 글을 읽는 것도 사실은 '자신을 배우자로 준비하는 과정'일 수 있습니다. "좋은 배우자를 만나려고 하면서 자신을 훈련하지 않는 사람은 타인에게서 행복을 찾으려 하는 사람입니다."[16] 참된 행복은 오직 하나님으로부터 옵니다. 훤칠한 외모, 좋은 직장, 훌륭한 부모, 뛰어난 유머 감각, 탁월한 공감 능력을 갖춘 남자와 결혼하면 행복할 수 있을까요? 예쁜 얼굴, 긍정적인 성격, 무엇이든 포용해 주는 넓은 아량, 뛰어난 학력을 갖춘 여자와 결혼하면 행복할 수 있을까요? 자존심은 올라갈 수 있을지 모르겠지만 행복을 누리지는 못합니다.

---

**16** 김정진, 금병달, 『크리스천 연애 실용서 연애 공식』(서울: 두란노, 2006), 18.

행복은 '완전함'에서 오지 않고 '거룩함'에서 오기 때문입니다.

그러므로 결혼을 위해 '거룩을 훈련하는 사람'이 진정한 배우자를 만날 수 있습니다. 이것은 아무리 강조해도 지나치지 않습니다. 거룩이 무엇인지 모르는 사람이 거룩한 배우자를 어떻게 만날 수 있겠습니까? 좋은 엄마로 준비되지 않은 사람이 좋은 아빠가 될 사람을 어떻게 만날 수 있겠습니까? 사랑과 섬김이 무엇인지 모르는 사람이 사랑과 섬김이 넘치는 배우자를 어떻게 고를 수 있겠습니까? 많은 사람이 중고 서점에 가지만 그곳에서 귀한 서적을 고를 수 있는 사람은 몇 사람밖에 없습니다. 그것을 알아볼 수 있는 눈을 가진 사람입니다. 사람은 아는 만큼 볼 수 있고, 준비된 만큼 고를 수 있는 법입니다. 그렇다면 '좋은 배우자가 되기 위한 준비'는 어떻게 해야 할까요? "첫째, 연애하기 전 결혼 공부"를 참고하시기 바랍니다. 성실하고 꾸준하게 준비하는 사람에게 하나님께서 좋은 배우자를 주실 것입니다.

### 배우자 찾기를 위한 질문 두 가지

이제는 정말 배우자를 찾는 방법과 과정을 살펴보겠습니다. 성경적인 배우자를 찾기 위해서는 다음과 같은 질문을 던져야 합니다.

- 어떤 사람을 배우자로 선택해야 할까요?
- 어떤 과정을 거쳐서 배우자를 찾아야 할까요?

연애를 말하다

셋째

# 셋째,
# 배우자 선택의 기준

**만나지 말아야 할 성향과 확인해야 할 사항**

어떤 사람을 배우자로 선택해야 할까요? 사람들은 서로 다른 기질을 지니고 서로 다른 환경 속에서 살고 있기 때문에, 모든 사람에게 적용할 수 있는 배우자 선택의 공식은 없습니다. 각자에게 맞는 배우자가 서로 다를 수 있기 때문입니다. 다만, 여기서는 성경을 기초로 가급적 만나지 말아야 할 사람의 세 가지 성향과 반드시 확인해야 하는 세 가지 점검 사항을 알아보겠습니다.

**가급적 만나지 말아야 할 세 가지 성향**

첫째, 이기적인 성향이 짙은 사람과는 만나지 말아야 합니다. 참된 신앙은 사랑이라는 열매를 맺습니다. 사랑은 '그럼에도 불구하고 주는 것'입니다. 사랑과 이기심은 완전히 반대편에 있습니다. 그러므로 이기적인 성향이 짙은 사람은 그 신앙을 의심해 봐야 합니다. 이기적인 사람을 어떻게 알아볼 수 있을까요? 다음과 같은 태도를 지니고 있다면 이기적인 성향을 가지고 있는 것입니다.

> 습관적으로 남 탓을 한다. 받기만 한다. 권리를 강조한다. 이기적인 태도에 대해 핑계와 변명으로 일관한다. 사소한 피해에 불같이 화를 낸다. 자신의 고생에 대해 하소연한다. 자신을 이해시키기 위해 애를 쓴다. 동정심을 유발한다. 죄책감을 일으킨다. 자기 이야기만 한다. 사람을 수단으로 여긴다. 식당 종업원을 함부로 대한다. 다른 사람을 위해 자기 돈을 전혀 쓰지 않는다. 무례하게 행동하고 아무렇지 않다. 상처 받았다는 말을 자주 한다.

'받기만 하고 주지 않는 사람'은 당신과의 관계에서도 크게 다르지 않을 것입니다. 주변 사람들이 이기적이라고 평가하는 사람에게 끌리지 않도록 주의하십시오. 이기적인 사람에게는 '자기 자신에 대한 강한 존중감'이 있습니다. 자기 존중감이 부족한 사람에게는 이것이 매력적으로 보일 수 있습니다. 소위 말하는 '나쁜 남자 신드롬' 또는 '센 여자 신드롬'이 그것입니다. 하지만 이기적인 사람은 이기적인 태도를 결코 고치지 않습니다. 이기적인 태도가 자신에게 상당히 유익함을 경험적으로 알기 때문입니다. 따라서 변명과 핑계, 거짓 참회를 통해서 이기적인 태도를 유지합니다. 이기적인 성향을 가진 사람은 모든 선택의 기준이 '나'입니다. '나'에 대한 강한 집착이 있기 때문에 계획적이고 완벽주의적입니다. 실패에 대한 강박이 있고 성공에 대한 집착이 있습니다. 그래서 사람을 얼마든지 희생시킵니다. 결혼한 후에는 직장에서의 성공과 자아실현을 위해 가정을 당연히 희생시킵니다. 이기적인 성향을 지닌 사람과 결혼하는 것은 몸에 기름을 바르고 불에 뛰어드는 것과 같습니다.

둘째, 위선적인 성향이 있는 사람과는 만나지 말아야 합니다. 위선은 예수님께서 미워하시던 죄입니다. 예수님은 공적인 생애 동안 위선자들의 공격을 받으셨습니다. 위선은 "사람에게 보이려고" 하는 모든 행동을 뜻합니다. 다시 말해, 사람들에게 칭찬과 평판을 얻기 위해, 자신에 대한 좋은 여론을 만들기 위해 진짜 자신을 숨기고 가면을 쓰는 것을 의미합니다. 위선적인 사람은 모든 면에서 진실하지 않고 정직하지 않습니다. 하지만 위선적인 사람을 분별하는 것은 여간 어려운 일이 아닙니다. 그는 어떻게 하면 좋은 인상을 줄 수 있는지를 잘 알고 있기 때문입니다. 겉모습에 속지 않으려면 관심이 가는 사람을 시간을 두고 오랫동안 지켜봐야 합니다. 다음과 같은 모습을 확인하면 도움이 될 수 있습니다.

나에게는 친절한데 다른 사람에게는 무관심하다. 앞뒤가 안 맞는 말을 자주 한다. 자기감정을 과장해서 말하거나 아예 말하지 않는다. 서운함을 자주 표현한다. 칭찬을 받으면 과도하게 좋아한다. 교회에서의 모습과 일상에서의 모습이 완전히 다르다. 거짓말을 자주 한다. 다른 사람 말에 귀를 기울이지 않는다. 모든 대화가 결국 자기 자랑으로 끝난다. 거만하다. 공감 능력이 없다. 다른 사람의 시선을 지나치게 신경 쓴다. 다른 사람 때문에 나를 희생시킨다.

위선은 죄를 숨기는 무서운 죄입니다. 교만과 맞닿아 있는 죄입니다. 무엇보다 위선이 치명적인 이유는 은혜를 체험할 수 없기 때문입니다. 위선적인 사람은 '괜찮은 척, 경건한 척, 죄 없는 척'을 합니다. 은혜보다는 평판이 필요한 것입니다. 은혜를 받지 못한 위선적인 사람은 은혜를 베풀 줄 모릅니다. 항상 정죄의 칼날을 휘두릅니다. 정작 자신의 마음속에는 온갖 더러운 것이 가득하면서, 다른 사람에게서 발견되는 작은 흠에 불같이 반응합니다. 위선적인 성향을 갖고 있는 사람에게는 '사람을 정죄하고 사회를 비판하는 특징'이 있습니다.

여기에는 신앙적인 원리가 있습니다. 진실한 사람은 늘 자기 안에 있는 죄를 직면합니다. 그리고 하나님께서 베풀어 주시는 은혜에 감사하며 죄와 싸웁니다. 사람을 정죄하기보다는 진리를 가르치고, 사회를 비판하기에 앞서 자기 죄를 살펴봅니다. 반면에 위선적인 사람은 자기 안의 죄가 아니라 자기 밖의 악을 항상 더 크게 여깁니다. 자기에게는 너그럽고 타인에게는 혹독한 성향이 여기에서 나오는 것입니다.

이런 성향은 결혼 후에도 고스란히 나옵니다. 위선적인 사람하고는 진실한 대화를 할 수가 없습니다. 문제를 인정하지 않기 때문입니다. 문제가 있다면 그것은 '나' 때문이 아니요, '너와 환경' 때문이라고 주장합니다. 문제를 해결하려는 의지는 없고 문제를 회피하려고만 합니다. 이것은 결혼 관계를 치명적으로 파괴하는 위험한 성향입니다. 결혼 생활에서 갈등은 피할 수 없습니다. 30여 년 동안 서로 다른 환경에서 자란 두 명의 인격이 한 몸을 이루어 가는 일에 어찌 갈등이 없을 수 있겠습니까! 갈등은 문제가 되고, 문제는 다툼이 됩니다. 이때 가장 중요한 것은 '진실한 드러냄'입니다. 침대 밑에 바퀴벌레가 가득한데 무섭다고 외면하면 더 많은 바퀴벌레가 생길 뿐입니다. 침대를 들고 바퀴벌레를 제거할 때에만 깨끗한 잠자리를 얻을 수 있습니다. '나'와 '너'에게 있는 문제들을 꺼내 들고 진실하게 대화할 때에만 '참된 친밀감'을 얻게 되는 것입니다.

하지만 위선적인 사람은 자신을 감추고 문제를 외면하는 것에만 관심이 있기 때문에, 그와 결혼한 사람은 참된 친밀감을 경험하지 못하게 됩니다. 이것은 단지 친밀감의 문제가 아니라 결혼의 본질적 문제, 곧 한 몸을 이루는 문제이기에 여간 심각한 것이 아닙니다. 위선적인 사람은 배우자로 적합하지 않습니다.

사랑을 받는 것과 갈채를 받는 것은 다릅니다. 사랑은 (위선적인 행동으로) 쟁취할 수 없습니다. 그저 주어질 뿐입니다. 사랑은 서로에게 온전히

진실한 사람들만이 주고받을 수 있습니다.[17]

셋째, 중독적인 성향이 있는 사람과는 만나지 말아야 합니다. 중독은 기본적으로 우상 숭배의 문제입니다. 중독자는 하나님보다 '중독된 그것'을 더 사랑합니다. 그렇기에 중독자는 진실한 신앙을 가졌다고 보기 어렵습니다. 배우자를 찾는 사람들은 중독적인 성향이 있는 사람을 잘 분간해야 합니다. 중독적인 성향이 있는 사람은 자기를 만족시키는 것에 강한 집착을 하는데, 그것이 당신일 수 있기 때문입니다. 이럴 때 당신은 중독자가 '나를 매우 좋아한다'고 느낄 수 있습니다. 하지만 중독적인 사람은 그 대상만 바뀔 뿐이지 중독적인 성향이 바뀌지는 않습니다. 다음과 같은 모습을 유심히 지켜보십시오.

예배 시간에도 스마트폰을 몰래 본다. 쉬는 시간마다 스마트폰 게임을 한다. 사람들을 끊임없이 만나고 다닌다. 취미 활동이 다양할 뿐만 아니라 거기에 많은 시간과 돈을 쏟아붓는다. PC 게임에 대해서 모르는 것이 없다. 음악이나 운동에 강한 자부심이 있다. 탐식이 있는 것 같다. 특정한 물건을 계속 산다. 외모에 지나치게 관심이 많다. 돈에 대한 강한 집착이 있다. 한 가지 주제에 과도한 관심을 갖고 있다.

중독은 다양한 모습으로 나타납니다. 포르노 중독, 게임 중독, 음식 중독,

---

**17** 도널드 밀러, 『연애 망치는 남자』(서울: 옐로브릭, 2016), 14.

술 중독, 운동 중독, 쇼핑 중독, 외모 중독, 취미 중독, 관계 중독, 사랑 중독 등입니다. 대개의 중독자는 한 가지가 아니라 여러 가지에 걸쳐서 중독적인 성향을 드러내는데, 그는 '자기쾌락'이라는 우상에 빠져 있기 때문입니다. 특히 위험한 것은 사랑 중독입니다. 사랑 중독자는 사랑의 대상이 아니라 사랑이라는 감정에 중독됩니다. 사랑에 빠진 자신의 모습에 스스로 취해 버립니다. 사랑을 해야만 자기 존재의 가치를 확인합니다. 이런 사람은 처음에는 화려하게 사랑을 시작하지만 그 감정이 오래가지는 못합니다. 자신을 더 흥분시켜 줄 다른 중독 물질을 향해 떠나 버리는 것입니다. 배우자를 찾는 사람은 이것을 잘 분별할 줄 알아야 합니다. 중독자는 결혼 후에 훨씬 더 치명적인 형태로 중독을 즐기기 때문입니다.

건강한 자아상을 갖고 하나님께서 주신 선물들을 건강하게 즐기는 사람을 찾아야 합니다. 건강한 사람은 하나님께 늘 감사합니다. 이것은 무한 긍정의 심리와 다릅니다. 과장된 긍정심은 또 다른 중독에 불과합니다. 건강한 사람은 자신이 지금 누리고 있는 것들이 과분함을 압니다. 그렇기에 모든 것을 감사합니다. 가족을 주심도, 교회를 주심도, 직장을 주심도, 건강을 주심도 감사합니다. 그렇기에 건강한 사람은 우선순위가 흐트러지지 않습니다. 우선순위를 따라 건강하게 즐깁니다. 그리고 겸손합니다. 중독과 즐김, 쾌락과 기쁨은 완전히 다른 말입니다.

## 반드시 확인해야 하는 세 가지 점검 사항

첫째, 배우자를 찾고자 하는 사람은 상대가 교회를 어떻게 대하는지 점검해야 합니다. 신앙이 있는 청년들이 대놓고 믿음이 없는 배우자를 찾는 경우는 없습니다. 대부분은 신앙이 좋은 배우자를 만나고 싶어 합니다. 그런데 어떻게 그(녀)의 신앙을 알 수 있을까요? 대개의 경우는 개인적인 경건 생활에 기반해 파악하려고 합니다. '얼마나 성경을 읽는지, 얼마나 기도를 하는지, 큐티는 일주일에 몇 번 하는지, 교회 봉사는 하는지, 십일조는 하는지' 등입니다. 물론 이것도 중요합니다. 하지만 신앙을 파악할 수 있는 결정적인 요인은 아닙니다. 이것들은 이기적인 욕심으로도 얼마든지 할 수 있기 때문입니다.

교회를 대하는 자세를 살펴야 합니다. 단순히 얼마나 자주 교회에 가는지를 파악하라는 의미가 아닙니다. 그리스도의 몸에 얼마나 많은 관심을 갖고 있는지를 파악하라는 뜻입니다. 다음과 같은 물음을 갖고 지켜볼 수 있습니다.

- 그리스도의 몸 된 교회를 얼마나 사랑하는지
- 교회를 세우기 위해 얼마나 참여하는지
- 교회의 성도들과 얼마나 깊은 관계를 맺고 있는지
- 교회를 중심으로 삶을 세워 나가고 있는지
- 교회의 목사와는 어떤 관계를 갖고 있는지

- 교회에서 선포되고 있는 설교 말씀을 얼마나 지키고 있는지
- 교회를 위한 기도를 하고 있는지
- 교회의 신앙 교육 프로그램에 열정적으로 참여하는지
- 교회를 위한 헌금을 어떻게 하고 있는지
- 교회와 신앙의 관계를 바르게 파악하고 있는지

위와 같은 점검에서 합격점을 받은 청년의 신앙은 두말할 필요가 없을 것입니다. 개인 경건 생활이 어떤지 물을 필요도 없습니다. 마음은 그리스도로 물들어 있을 것이고, 삶은 복음에 합당할 것입니다. 물론 어떤 청년은 '문제가 있는 교회에 출석함으로' 괴로워하며 불평할 수도 있습니다. 하지만 단순한 불평인지, 아니면 참된 교회를 갈망하는 것인지는 드러나기 마련입니다. 참된 교회를 향한 갈망, 지금 다니고 있는 교회에 대한 순종, 그리고 교회 중심의 삶을 살고 있는지 살펴보십시오. 여기에 그(녀)의 신앙이 있습니다.

둘째, 배우자를 찾고자 하는 사람은 상대가 사람을 어떻게 대하는지 점검해야 합니다. 다른 사람을 대하는 태도가 곧 나를 대하는 태도이기 때문입니다. 다른 사람을 무례하게 대하는 사람은 언젠가는 나에게도 무례하게 대할 것입니다. 다른 사람을 험담하는 사람은 언젠가는 나를 험담할 것입니다. 다른 사람에게 욕을 하는 사람은 언젠가는 나에게도 폭언을 부을 것입니다. 다른 사람을 정죄하는 사람은 언젠가는 나도 정죄할 것입니다.

신앙의 외적인 열매는 대부분 관계에서 나타납니다. 성령의 9가지 열매는 홀로 있을 때 맺히는 것이 아니라 함께 있을 때 맺힙니다. 그러므로 다른 사람을 대하는 태도가 곧 그(녀)의 '속사람'입니다. 다른 사람에게 사랑과 친절을 베풀고, 다른 사람을 향해 오래 참고 온유하며, 다른 사람들을 화평케 하는 사람은 그리스도와 닮은 사람입니다. 신앙은 말에 있지 않고 행위, 특히 관계적 행위에 있습니다. 관계가 파괴된 사람이나 고독을 즐기는 사람에게는 '신앙의 열매'가 없는 것입니다. 스스로를 고립시키는 사람도 '신앙의 열매'가 부족한 것입니다. 참된 신앙은 반드시 열매를 맺는데, 그 열매는 관계라는 나무에 열립니다. 다음과 같은 관계에서 그(녀)의 행동을 유심히 보십시오.

- 부모와의 관계에서 복종하고 있는지
- 직장 상사 또는 동료와의 관계가 원만한지
- 적개심을 드러내고 있는 관계는 없는지
- 친구들 사이에서 좋은 평판을 얻고 있는지
- 교회 성도들과 열심히 교제를 나누고 있는지
- 가난하고 연약한 자들에게 관심이 있는지
- 식당 종업원들에게 무례하지는 않은지
- 운전석에서 다른 운전자에게 욕하지는 않는지
- 친구를 험담하거나 질투하고 있지는 않은지
- 지나다니는 사람들을 잠재적 위협자로 생각하는 것은 아닌지

사람과 사람 사이를 신앙의 열매로 채우는 사람은 만점짜리 배우자입니다. 외모, 학력, 조건 등 다른 것들이 조금 부족해도 이런 사람이라면 결코 놓쳐서는 안 됩니다.

셋째, 배우자를 찾고자 하는 사람은 상대가 얼마나 배우고자 하는지를 잘 살펴야 합니다. 배우고자 하는 자세는 겸손의 척도이기 때문입니다. 말로는 온갖 겸양을 떨지만 설교 시간만 되면 잠을 청하는 사람이 있습니다. 평상시에는 유쾌하게 대화를 이끌지만 성경 공부만 하면 꾸벅꾸벅 조는 사람이 있습니다. 사람들과 만나는 것에는 시간을 아까워하지 않지만 도무지 책을 펼치지 않는 사람도 있습니다. 이들은 교만한 사람입니다. 다른 사람에게 배우고자 하는 마음이 없는 사람입니다. 배우고자 하는 마음이 없는 사람은 두 가지 특징이 있습니다.

하나는 경청하지 않는다는 것입니다. 말하는 것은 좋아하지만 남의 말 듣는 것은 싫어합니다. 듣는 척하면서 자기가 할 말을 생각합니다. 평상시 자기 생각에 맞는 말만 듣습니다. 듣는 즉시 잊어버립니다. 자기가 할 말만 합니다. 한 말을 반복합니다. 듣고 실천하지 않습니다. 이런 사람하고는 관계의 진전을 맛볼 수 없습니다. 배우고자 하는 마음이 없는 사람은 경청하지 않습니다.

다른 하나는 고집스럽다는 것입니다. 배우고자 하는 마음이 없는 사람은 지금 자신이 알고 있는 것이 충분하다고 확신합니다. 다른 사람의 조언은 필요 없다고 생각합니다. 교회가 가르치는 경우에도 배우고 싶은 것은 배우고, 배우기 싫은 것은 배우지 않아도 된다고 생각합니다. 자기 생각과 자기 판단이 강합니다. 권위에 순종하지 않습니다. 자신이 모든 것을 주도할 수 있다고 믿습니다. 고집이 강한 사람하고도 관계의 진전은 맛볼 수 없습니다.

이런 모습을 잘 살펴보십시오.

- 설교를 힘써 듣고 있는지
- 책을 성실하게 읽고 있는지
- 남의 조언에 귀를 기울이는지
- 고집스럽다는 평가를 듣지는 않는지
- 대화가 잘 되는지
- 경청하고 있는지
- 남이 말할 때 딴 짓을 하고 있지는 않은지
- 모든 강의를 성실하게 듣는지
- 잘못을 사과하는지
- 배움에 대한 열망이 있는지

배우고자 하는 자세를 가진 사람과 결혼하게 되면, 서로가 서로를 더 풍성하게 만들어 주는 경험을 하게 됩니다. 대화가 잘 통합니다. 고집을 꺾고 서로를 품어 줍니다. 만남이 늘 유익하고, 관계가 항상 발전합니다. 교회에서 들은 설교를 놓고 부부가 함께 되새기고 적용한다고 생각해 보십시오. 같이 성경을 읽고 함께 경건 서적을 읽는다고 생각해 보십시오. 서로가 받은바 은혜를 나눈다고 생각해 보십시오. 이런 가정이 천국에 가장 가까운 모습이 아닐까요?

### 완벽주의를 주의하라

여기서 주의할 것이 하나 있습니다. 청년 시기는 만들어 가는 과정입니다. 위에서 언급한 잘못된 성향을 '완전히' 극복하고 올바른 자세를 '완전히' 이룩한 청년은 없습니다. 잘못된 성향은 남아 있고 올바른 자세는 부족한 청년들이 대다수일 것입니다. 그러므로 완벽한 배우자를 찾기보다는 열심히 성장하고 있는 배우자를 찾는 것이 맞습니다. 잘못된 성향은 고쳐 가고 올바른 자세는 만들어 가는 사람을 발견해야 합니다. 그런 배우자를 찾기 위해서는 실력을 갖춰야 합니다. 이것이 결혼을 공부하는 목적이기도 합니다.

연애를 말하다

넷째

# 넷째,
# 만남의 방식

**배우자를 찾는 과정**

어떤 과정을 거쳐서 배우자를 찾아야 할까요? 앞서 말한 것처럼, 모든 사람에게 보편적으로 적용할 수 있는 공식은 없습니다. 공식보다는 원리를 알아야 합니다. '공식'은 대입하면 그대로 답이 나오는 것을 의미하고, '원리'는 선택의 폭을 뜻합니다. 성경적인 원리를 찾기 위해서는 다음과 같은 다섯 가지 질문이 필요합니다.

- 어떻게 만나야 할까요?
- 언제부터 연애를 시작해야 할까요?
- 연애를 어떻게 해야 할까요?
- 결혼은 언제 확정할 수 있을까요?
- 결혼식은 어떻게 준비해야 하나요?

## 성경이 특정하는 만남의 방식은 없다

첫째 질문은 이것입니다. "어떻게 만나야 할까요?" 성경이 정해 놓은 특별한 만남의 방식은 없습니다. 성경에는 룻과 보아스처럼 '운명 같은 만남' 이야기도 있고, 리브가와 이삭처럼 '중매에 따른 만남' 이야기도 있으며, 라헬과 야곱처럼 '한눈에 반하는 만남' 이야기도 있습니다. 그러므로 특정한 방식의 만남을 더 성경적이라고 주장하는 것은 옳지 않습니다. 다만, 현대 사회 속에 퍼져 있는 두 가지의 극단적인 의식은 경계해야 합니다.

## 소개를 통한 만남을 거부하지 말라

첫째, 불같이 타오르는 연애 감정만 주야장천 기다리는 것은 올바르지 않습니다. 청년들 중에는 자기감정을 태워 줄 운명의 연인을 기다리며 소개에 따른 만남을 좋아하지 않는 남녀들이 있습니다. 그들은 '비포 선 라이즈'[18] 식의 연애를 선호합니다. 한 치의 빈틈도 없이 자기감정을 확 끌어 줄 수 있는 특별한 연인을 기다리는 것입니다. 그들은 오직 자연스러운 만남만을 기대하며 '인위적인 만남'을 거부합니다. 하지만 성경이 말하는 결혼이 무엇인지 안다면, 이런 식의 만남이 얼마나 위험한지도 알게 됩니다. '우연과 감정'이라는 두 단어만큼 결혼 생활을 위협하는 것은 없습

---

**18** 기차에서 우연히 만난 제시와 셀린느가 첫눈에 호감을 느끼게 되어 하루 동안 운명 같은 데이트를 하는 내용의 영화입니다.

니다. 이것이 결혼으로 가는 출발점이 될 수 있다면, 이것은 불륜으로 가는 출발점도 될 수 있기 때문입니다. '메디슨 카운티의 다리'[19]라는 영화는 '비포 선 라이즈'라는 영화와 비교할 때, 결혼 전에서 결혼 후로 배경만 바뀌었을 뿐이지 영화를 이끌어 가는 '우연과 감정'이라는 두 축은 동일합니다. 하지만 그 만남이 아무리 아름답게 포장되었을지라도 '불륜'에 불과합니다.

한 치의 빈틈도 없이 자기감정을 확 끌어 줄 수 있는 특별한 연인을 기다리는 사람은 사실 굉장히 이기적입니다. 이 만남을 통해 채우고 싶은 것은 자기감정일 뿐입니다. 더 나아가 그 사람이 원하는 것은 '아름다운 나의 연애'일 뿐입니다. 그 사람에게 '가정을 통한, 그리고 가정을 위한 하나님의 뜻'은 고려 사항이 아닙니다. '우연과 감정'은 가정을 통한, 그리고 가정을 위한 하나님의 뜻을 찾는 일에 전혀 적절하지 않은 수단이기 때문입니다. 성경은 다양한 만남의 방식을 말하고 있지만, 절대 다수를 차지하는 방식은 '중매'입니다. 사실 자유연애를 통해 배우자를 찾는 방식이 시작된 것은 인류 역사상 얼마 되지 않았습니다. "고대는 물론이고 18, 19세기 미국에서만 하더라도 결혼은 중매가 일반적이었습니다. ··· 새로운 세기가 열리고 얼마쯤 지난 뒤부터 현대적인 개념의 데이트가 나타났습니다. 용

---

**19** 중년의 두 남녀가 첫눈에 반하여 가질 수 없는 상대를 향해 불타는 감정을 갖게 된다는 내용의 영화입니다.

어 자체는 1914년경, 인쇄 매체를 통해 처음 등장했습니다."[20] 중매 등의 만남을 인위적인 만남으로 격하시킨 채 자연스러운 만남만을 기다리는 것은 올바른 태도가 아닙니다. "사랑에 게으른 사람이 너무 많습니다. 그들은 자신의 나태함을 하나님으로 때우려 합니다. 결혼은 의지적으로 추구해야 할 일이며, 행복한 결혼의 대상은 딱 하나로 정해져 있지 않습니다."[21]

## 감정 자체를 거부하지 말라

둘째, 감정이 철저히 배제된 만남도 올바르지 않습니다. '끌림'이라는 감정은 하나님께서 주신 것입니다. 이 감정이 있기 때문에 우리는 열정을 발휘할 수 있습니다. 끌리는 일을 향한 열정, 끌리는 사람을 향한 열정은 결코 나쁜 것이 아닙니다. 그러므로 누군가에게 끌린다는 것 자체를 죄악시해서는 안 됩니다. '우연과 감정'이 잘못된 선택의 기준이라는 말은 감정 자체가 완전히 잘못되었다는 뜻이 아니라 감정은 선택의 일부일 뿐이라는 의미입니다. 끌림이라는 감정이 찾아왔을 때 무엇에 따른 끌림인지 파악해야 합니다. 성적인 매력에만 끌린다든지 조건적인 매력에만 끌리고 있다면, 그 감정은 매우 위험한 방면으로 흘러갈 수 있습니다. 반면에 성적인 매력을 포함해 그 사람의 인격 전체를 향해 끌리고 있다면, 그 감

---

20  팀 켈러, 『팀 켈러, 결혼을 말하다』(서울: 두란노, 2014), 276.
21  게리 토마스, 『연애 학교』(서울: CUP, 2014), 119.

정은 올바른 방향으로 흘러갈 수 있습니다. 즉, 끌림이라는 감정은 얼마든지 출발점이 될 수 있습니다.

더 중요한 것은 우리가 매력을 느끼는 지점을 만들어 갈 수 있다는 것입니다. 감정은 무언가에 대한 반응인데, 반응은 아무것도 없는 진공 상태에서 일어나지 않습니다. 가치관이 반응을 일으킵니다. 예를 들어, "역사 속에서 이상적인 여성의 기준은 수없이 변해 왔고, 때로는 180도로 달라지기도 했습니다. 고대에서 중세까지 유럽에서는 피부가 창백하고 다소 통통한 여자가 미인으로 꼽혔습니다. 당시에 그려진 미인도들을 보면 퉁퉁하고 못생기게 보입니다. 반대로, 요즘 뭇 남성들의 눈길을 사로잡는 여인들이 그 시절에 태어났다면 골골해서 매력이 없다는 소리를 들었을 것입니다. 20세기 초에는 여성들이 머리카락을 매우 짧게 자르고, 몸매를 가리는 옷을 입었습니다. 1940년대에는 그을린 피부와 길게 치렁거리는 머리카락이 미의 상징으로 떠올랐습니다. 이처럼 미의 기준은 끊임없이 변합니다. 요즘은 역사 속에 유행했던 모든 스타일이 뒤죽박죽으로 섞인 형국입니다."[22]

시대에 따라서 매력의 기준은 변합니다. 감정을 일으키는 지점이 변한 것입니다. 가치관이 반응을 만들어 냅니다. 외모를 가장 중요하게 여기는

---

22  매트 챈들러, 제라드 윌슨, 『결혼, 하고 싶다』(서울: 두란노, 2016), 31.

사람은 그것에 끌려서 감정이 생깁니다. 조건을 가장 중요하게 여기는 사람은 그것에 끌려서 감정이 생깁니다. 그러므로 그리스도인 청년은 끌림의 기준을 만들어 가는 일에 부지런해야 합니다. 신앙을 가장 중요하게 여기는 청년은 그 신앙에 끌려서 감정이 생기기 마련입니다.

> 이러한 성품이나 소명, 미래상이나 가치관 같은 것이 바로 평생 자신의 짝이 될 이에게서 찾아야 할 포괄적인 매력이다. 하지만 많은 이들이 상대의 얼굴 생김새와 돈을 토대로 결혼을 결정하고 결국 합당한 존중과 존경을 주고받지 못한 채 평생을 살아가고 있다. 마음에 큰 다짐을 하고 '돈, 외모, 반짝거리는 요소들'에 눈길을 주지 않기로 할 때 위와 같은 포괄적인 매력이 눈에 들어오기 시작할 것이다.[23]

### 성경적인 만남을 위한 두 가지 큰 원리

성경이 정해 놓은 특정한 만남의 방식은 없습니다. 다만, 우리가 경계해야 할 극단적인 사고방식만 있을 뿐입니다. 자연스러운 만남을 최고로 여기면서 소개를 통한 만남을 인위적이라고 여기는 것도 잘못이고, 감정을 배제한 채 조건만을 따져서 만나는 것도 잘못입니다. 성경이 말하는 큰 원리는 이렇습니다.

---

**23** 팀 켈러, 『팀 켈러, 결혼을 말하다』(서울: 두란노, 2014), 287.

이 말씀에는 두 가지 원리가 있습니다. 하나는 선택의 기준입니다. '현숙한 여인'을 찾기 위해서는 누가 현숙한 여인인지를 아는 시각이 필요합니다. 이것이 감정보다 조건이 중요하다는 의미는 아닙니다. 현숙한 여인(혹은 현숙한 남성)을 매력적으로 여길 줄 아는 총체적인 가치관을 뜻하는 것입니다. 다른 하나는 찾는 노력입니다. 현숙한 여인은 하늘에서 떨어지지 않습니다. 어느 날 갑자기 운명처럼 다가오지도 않습니다. 좋은 배우자를 만나기 위해 부지런히 이런저런 노력을 해야 합니다. 하나님의 역사와 자신의 역사 안에서 결혼이 얼마나 중요한 일인지를 자각하고, 막연히 기다리기보다는 경건한 배우자를 찾아 나서야 합니다. 이와 같은 원리에 기초하여 다음과 같은 만남을 권면해 볼 수 있습니다.

- 20대 초반에는 성경적인 결혼을 공부하며 몸과 마음을 준비한다.
- 20대 중반 이후에는 주변에서부터 경건한 배우자를 찾는다.
- 20대 중반부터 후반 사이에는 주변에서 찾을 뿐만 아니라 신뢰할 만한 사람에게서 소개를 받아 배우자를 찾는다.
- 30대 이후에는 좀 더 적극적으로 소개를 받아 배우자를 찾는다.
- 결혼 적령기에는 경건한 배우자를 만날 수 있는 다양한 모임에 참여한다.

연애를 말하다

다섯째

# 다섯째,
## 연애를 시작하기 전에

### 첫 단추가 중요하다

둘째 질문은 이것입니다. "언제부터 연애를 시작해야 할까요?" 소속된 모임이나 소개 등을 통해 끌리는 사람을 만났을 때는 어떻게 해야 할까요? 곧장 구혼의 단계로 들어서도 되는 것일까요? 서로를 바라보는 시간과 완충 지대 없이 불타는 연애를 시작해도 되는 것일까요? 진지하게 배우자를 찾는 중이라면 처음부터 신중할 것을 권면합니다. 첫 단추가 중요하다는 옛말을 꼭 기억하십시오.

### 짝짓기 문화가 확산시키는 의식

한때 '짝'이라는 프로그램이 각광을 받았습니다. 이 프로그램은 청춘남녀들을 일주일 동안 합숙시키면서 끌리는 상대를 찾아가게 만듭니다. 일주일이라는 짧은 시간 동안 수많은 감정들이 오고 가고, 그 후에는 서로 고백을 합니다. 고백이 통한 사람들은 '짝'이 되고, 그렇지 못한 사람들은 다시 '혼자'가 됩니다. 이 프로그램에서 주목할 점은 '일주일'이라는 기간입니다. '일주일'은 처음 보는 사람에게 끌리는 감정을 느끼고 그 사람에게 고백을 할 정도로 충분한 시간일까요? 적어도 이 프로그램은 충분하다고 말하는 듯합니다.

최근에는 젊은이들이 많이 가는 클럽을 중심으로 짝짓기 문화가 확산되고 있다고 합니다. 이것은 클럽에서 잠자리 대상자를 찾는 것인데, 이것저것 귀찮은 과정을 다 배제하고 마지막 절차부터 시작하겠다는 새로운 이성 교제 방식을 뜻합니다. 이런 문화는 미국에서 온 것으로 보입니다. 팀 켈러는 이렇게 전합니다.

> 뉴욕 타임스 매거진은 한 기사에서 십대들이 이성을 짜증스럽고 까다로운 존재로 여기며 데이트를 시작하면 무언가를 주고받고, 의사소통을 해야 하고, 서로 다른 상대를 다루는 법을 배워야 하는 따위의 일을 고단하게 생각한다고 전했다. 그런 번거로움을 피할 셈으로 파트너를 만나자마자 곧장 섹스로 들어가는 새로운 방식이 개발되었다. 짝짓기는 관계를 고려하지 않고 단순히 섹스를 위한 만남이다. 짝짓기가 끝난 뒤에 계속 데이트를 하고 싶은 마음이 들 수도 있고 그렇지 않을 수도 있지만 그것이 전제 조건은 아니다.[24]

---

**24** 위의 책, 277.

짝짓기 문화가 청년들 사이에서 배우자를 구하는 보편적인 방식은 당연히 아닙니다. 하지만 짝짓기 문화 속에 담겨 있는 의식은 점점 보편화되고 있습니다. 요즘 청년들은 신중한 관계를 매우 싫어합니다. 몇 가지 이유가 있는데, 첫째, 신중한 관계는 낭만적인 관계가 아니라고 생각합니다. 낭만적인 관계에는 서로에게 빠져드는 것이 필수라고 생각하기 때문에 자기감정을 절제할 수 있는 관계를 싫어합니다. 둘째, 신중한 관계를 맺을 수 있는 실력이 없습니다. 관계의 틈을 메우기 위해서는 감정을 절제하고, 의사소통을 해야 하며, 다름을 껴안는 시간이 필요합니다. 청년들은 이것을 매우 귀찮은 것으로 인식하고 대충 빨리 때우려는 경향이 있습니다.

### 연애하기 전, 신중함이 필요하다

관계의 틈을 메우는 신중한 접근 없이 참으로 친밀한 관계를 맺을 수는 없습니다. 반드시 거쳐야 하는 관계적인 노력을 생략한 사이는 언젠가 그 대가를 치르게 되어 있습니다. 연애를 시작하기 전에 신중함이 필요함을 전제하고 이제는 몇 가지를 권면하려고 합니다.[25]

---

25  이 글은 매트 챈들러의 『결혼, 하고 싶다』의 큰 제목과 내용을 일부 인용하였지만, 전반적인 내용은 새롭습니다.

## 끌림을 점검하라

첫째, 이 끌림이 진정한 사랑인지를 신중하게 물어야 합니다. 끌리는 대상을 만났을 때 스스로에게 가장 먼저 질문할 것은 이것입니다.

"나는 왜 이 사람에게 끌리는가?"

앞서 말한 것처럼 끌린다는 것 자체는 아무 잘못이 없습니다. 우리는 아름다움에 반응하도록 지음 받았습니다. 그러므로 이성에게 끌리는 감정을 가지는 것은 당연합니다. 하지만 무엇 때문에 끌리고 있는지를 꼭 살펴야 합니다. 다음과 같은 이유라면 조심해야 합니다.

- 순전히 상대의 외모 때문에: 오로지 성적인 이유이거나 남에게 뽐내고 싶은 이유일 가능성이 높습니다.
- 돈, 직장, 스펙 등의 이유 때문에: 사람의 됨됨이를 놓치고 있을 가능성이 높습니다.
- 톡톡 튀는 성격 때문에: 개인적인 취향에 속고 있을 가능성이 높습니다.
- 주도하는 모습 또는 부족해 보이는 모습 때문에: 자신의 성격을 되돌아볼 필요가 있습니다. 지나치게 의존적이거나 동정적일 가능성이 높습니다.
- 특별히 끌리는 모습이 없는데도 끌리고 있다면: 결혼에 대한 조급증에 시달리고 있을 가능성이 높습니다.

정리하자면 이렇습니다. '오로지 나 자신의 만족만을 위한 끌림'은 잘못된 것입니다. 나의 부족분을 상대를 통해서 채우려는 것이기 때문입니다. 예컨대, 나의 평판이나 자존심을 상대의 외모와 조건을 통해서 메우려 하는 것, 나의 욕망과 취향을 상대의 매력을 통해서 만족시키려고 하는 것, 나의 성격이나 계획을 상대를 이용해서 완성하려고 하는 것 등입니다. 이런 끌림은 피상적인 매력에 끌리는 것이기에 결코 건강한 연애로 발전할 수 없습니다. 다음 성경 구절은 겉모습을 신중하게 판단할 것을 요청합니다.

> 네 마음에 그의 아름다움을 탐하지 말며 그 눈꺼풀에 홀리지 말라 _잠언 6:25
>
> 고운 것도 거짓되고 아름다운 것도 헛되나 오직 여호와를 경외하는 여자는 칭찬을 받을 것이라 _잠언 31:30
>
> 화 있을진저 외식하는 서기관들과 바리새인들이여 회칠한 무덤 같으니 겉으로는 아름답게 보이나 그 안에는 죽은 사람의 뼈와 모든 더러운 것이 가득하도다 이와 같이 너희도 겉으로는 사람에게 옳게 보이되 안으로는 외식과 불법이 가득하도다 _마태복음 23:27-28
>
> 이것은 이상한 일이 아니니라 사탄도 자기를 광명의 천사로 가장하나니 _고린도후서 11:14

누누이 말하지만, 아름다운 겉모습에 마음이 끌리는 것 자체가 잘못된 일은 아닙니다. 하지만 사람의 아름다움을 겉모습으로만 평가할 수는 없습니다. 겉모습은 일부일 뿐입니다. 그리스도인은 "더 깊은 차원의 아름다움을 볼 줄 알아야 합니다. 부부 사이에서는 아이를 낳아 몸매가 망가지고 얼굴에 주름이 가득해져도, 심지어 병마와 고생으로 외모가 엉망이 되어도 변하지 않는 끌림을 늘 유지하려고 애써야 합니다. 부부 사이가 진정으로 영혼의 어우러짐이 되려면 단순한 육체의 어우러짐을 넘어서야 합니다."[26]

그러므로 끌리는 단계에서부터 이 끌림이 무엇으로부터 시작되었고, 무엇을 향해 가고 있는지를 확인해 보십시오. 이 끌림이 신앙이라는 포괄적인 매력으로 시작되어 하나님의 가정이라는 최종적인 목적을 향해 가고 있다면, 상대를 향해 계속하여 전진해도 좋습니다.

### 감정을 절제하라

둘째, 때가 될 때까지 사랑의 감정을 키워서는 안 됩니다. 아직까지는 본격적인 연애 단계가 아닙니다. 서로를 알아 가는, 소위 '예비 데이트' 단계입니다. 예비 데이트란 연애를 시작하기 전에 사랑을 키워 나가도 되는지를 확인하는 단계입니다. 감정은 서로를 배우자로 바라보는 단계에서 사랑을 키워 나갈 때 마음껏 분출할 수 있습니다. 반대로 감정은 얼마든지 절제할 수도 있습니다. 사랑이라는 감정에 스스로 취하도록 내버려 두지 마십시오. 사랑이라는 감정을 즐기기 위해 상대에게 마구잡이로 끌리지 마십시오. 상대의 됨됨이를 신중하게 살펴보기 전에 이미 감정에 취해 버

---

**26** 매트 챈들러, 제라드 윌슨, 『결혼, 하고 싶다』(서울: 두란노, 2016), 29.

린다면, 잘못된 선택을 할 가능성이 아주 높습니다. "너무 빨리 달아오르지 않도록 주의하십시오. 구혼 과정은 상대방의 참다운 됨됨이를 실질적으로 가늠해 보는 전주곡의 의미를 띱니다. 평생 지속되는 사랑에 필요한 것은 감정만이 아닙니다."[27]

매트 챈들러는 아가서를 통해 구혼의 과정을 추적합니다. 그는 아가서의 여인이 매우 신중하게 배우자를 찾고 있다고 말합니다. 아가서의 여인은 감정에 사로잡히기보다 감정을 따라 신중한 과정을 겪습니다. 사귀고 싶은 사람의 평판, 자신에게 헌신하려는 마음과 인내심, 어려운 시절을 인격과 지혜로 헤쳐 나가는 모습 등을 따지면서 본격적인 사귐을 타진합니다. 그녀는 감정을 귀하게 여겼지만 감정에 사로잡히지는 않았습니다. 감정에 솔직했지만, 상대를 바라보는 눈도 정직했습니다.

> 솔직히 말해 보자. 이 시대의 연애는 문제가 많다. 요즘 연애는 마치 중고차를 파는 것과도 같다. 많은 중고차 업자는 판매에 도움이 되지 않는 부분은 숨기고 판매에 도움이 되는 부분은 과장 광고를 한다. … 요즘 연애는 자신의 흠 많은 진짜 모습을 숨기고, 배우자를 위해 끝까지 남겨 둬야 할 것을 선전하는 판매 행위처럼 변질되었다.[28]

어떤 청년들은 배우자를 찾는 과정을 이성을 '꾀는 작업'과 동일하게 여깁

---

27 팀 켈러, 『팀 켈러, 결혼을 말하다』(서울: 두란노, 2014), 287.
28 매트 챈들러, 제라드 윌슨, 『결혼, 하고 싶다』(서울: 두란노, 2016), 54.

니다. 그래서 마음에 드는 이성을 꾀기 위해서 어떤 기술을 쓰는 것이 좋은지를 묻습니다. 어떻게 하면 좋은 이미지를 만들어서 상대의 마음을 얻을 수 있겠냐는 것입니다. 이것은 상대의 마음을 훔치기 위해 자신의 진면목을 숨기고 상대가 좋아하는 가짜 모습을 만들겠다는 말과 다르지 않습니다. 매트 챈들러가 말하는 것처럼, 이런 식의 연애는 중고차를 판매하는 방식에 불과합니다.

연애를 시작하기 전에, 끌리는 상대에게 서로 진실해야 합니다. 상대가 나를 판단할 수 있도록 기회를 주어야 합니다. 또한 자신도 상대를 진실하게 바라볼 줄 알아야 합니다. 이것은 끌리는 감정이 더 커지기 전에 반드시 해야 할 일입니다. 이것을 소위 "발견 단계"라고 합니다. "가능하면 누군가와 사랑에 빠지기 '전에', 다음과 같이 중요한 질문을 통해 상대방에 대해 점검해 보는 것이 좋습니다."[29]

- 신앙관이 확고한지: 자신이 중요하게 생각하는 신앙적 가치들을 자연스럽게 나눕니다.
- 가정에 대해서는 어떤 생각을 갖고 있는지: 남편과 아내의 역할, 부모의 역할, 가정과 교회의 관계에 대해서 함께 생각을 나눕니다.
- 가정 환경이 어떠한지: 결혼은 남녀 개인의 연합이기도 하지만 가족 간의 만남이기도 합니다. 가족 배경이 하나로 합칠 수 있는지 등을 고려해 봅니다.

---

**29** 케니 잭슨, 『연애하기 전, 결혼 공부』(고양: 예수전도단, 2014), 125.

- 고통스러운 상황이나 갈등에 놓인 관계를 어떻게 해결하는지: 스트레스 상황, 어려웠던 관계, 성장 환경 속에서 받은 상처 등을 어떻게 해소하고 있는지를 함께 나눕니다.
- 진실하고 정직한지: 진실한 사람만이 사랑을 할 수 있습니다. 정직한 사람만이 성장할 수 있습니다. 이런저런 질문을 통해 그의 성품을 판단해 봅니다.

요즘 청년들에게는 이런 과정이 '괴상해' 보일 수 있습니다. 지나치게 이성적이어서 차갑게 느껴질 수도 있습니다. 하지만 이 모든 과정은 '끌리는 감정과 함께' 이루어지고 있음을 기억하십시오. 끌리는 상대를 만난다는 것은 정말 복된 일입니다. 그 감정에 솔직해야 합니다. 그러나 그 감정을 키워 나갈 것인지를 결정하는 것은 선택할 수 있는 문제입니다. "일단 연애 감정이 시작되면 그 감정은 마치 내리막을 달리는 기차처럼 걷잡을 수 없이 발전하여 멈출 수가 없게 됩니다."[30] 섣불리 감정을 키워 나가기 전에 상대방의 진면목을 바라보십시오. 솔직한 감정과 정직한 시선으로 상대방과 대화를 나누십시오.


### 우정을 만들라

셋째, 우정을 위해 공통분모를 만들어 갑니다. 본격적인 연애를 시작하기 전, 곧 예비 데이트 단계에서 적극적으로 해야 할 것이 있는데, '우정'을

---

30  위의 책, 126.

만드는 것입니다. 낭만파 청년은 이 말에 심한 거부감을 느낄 수 있습니다.

> "연애를 노래하는 자리에서 우정을 논하다니! 여기는 로봇들의 사랑을 말하
> 는 교회인가?"

세속 문화가 노래하는 사랑에 깊이 젖어 있는 청년들은 사랑과 우정은 전혀 다른 것이라고 생각합니다. 하지만 성경이 말하는 사랑은 우정과 매우 닮아 있습니다. "행복한 결혼 생활의 열쇠는 끈끈한 우정입니다. 여기서 우정은 서로를 존중하고 서로 함께하는 시간을 즐거워하는 것을 말합니다. 이런 부부는 서로를 잘 압니다. 상대방의 취향이며 유별난 성격과 꿈까지 모르는 것이 없습니다. 이런 부부는 늘 서로를 존경하고, 특별한 경우가 아니라도 일상 속에서 소소하게 애정을 표현하며 살아갑니다. 우정이 있는 가정에는 좀처럼 미움이 침범하지 못하기 때문에 우정은 사랑의 열쇠라고 할 수 있습니다."[31] 이와 같은 친밀한 부부가 되기 위해서는 연애하기 전부터 서로가 우정을 쌓을 수 관계인지를 알아봐야 합니다. 조슈아 해리스는 연애 감정을 채우기 위한 데이트는 필요하지 않다고 주장하면서 다음과 같은 말을 합니다.

---

**31** 마크 드리스콜, 그레이스 드리스콜, 『결혼은 현실이다』(서울: 두란노, 2013), 56.

데이트에서는 주로 서로에게 끌리는 로맨틱한 감정이 관계의 토대가 된다. 데이트의 전제 조건은 "난 당신에게 끌린다. 그러니 우리 사귀어 보자"는 것이다. 그러나 우정의 전제 조건은 "우리는 관심사가 같다. 그러니 공통의 관심사를 같이 즐기도록 하자"는 것이다. 만일 우정이 생긴 다음에 서로에게 로맨틱한 감정을 느끼게 된다면 그것은 보너스라고 할 수 있다. 헌신에 대한 약속 없이 느끼는 친밀감은 속임수이며, 우정이 바탕이 되지 않은 친밀감은 겉만 그럴듯한 날림 사랑인 것이다.[32]

우정은 서로에 대해 단단한 신뢰를 만듭니다. 또한 친밀함을 만듭니다. 신뢰와 친밀함은 결혼 관계의 근간입니다. 쉽게 바스러지는 감정 위에 쌓인 결혼은 위태할 수밖에 없지만, 신뢰와 친밀함으로 뭉친 우정 위에 쌓인 결혼은 흔들리지 않습니다. 그러므로 서로가 우정을 쌓을 수 있는 관계인지를 파악하는 것은 매우 중요한 절차라고 할 수 있습니다.

우정을 쌓기 위한 가장 좋은 방법은 공통분모를 만드는 것입니다. 공통의 경험과 공통의 관심사와 공통의 모임을 통해서 서로 우정을 만들 수 있는지 판단해 봐야 합니다. 예비 데이트 단계에서 공통분모를 만들 수 있는 방법은 다음과 같습니다.

- 토요일이나 공휴일을 이용하여 하루 종일 같이 있기: 아침부터 저녁까지 하루 종일 같이 붙어 다니면서 이것저것을 해 봅니다. 이렇게 하면 매일 한두 시간 정도 만나는 것보다 훨씬 더 많이 상대방을 알 수 있습니다. 한두 시간 정도는 자신을 감출

---

**32** 조슈아 해리스, 『NO 데이팅』(서울: 두란노, 1998), 40.

수 있지만, 여덟아홉 시간 정도를 꾸준히 숨기는 것은 어렵습니다. 하루 종일 같이 있으면서 상대가 시간의 변화를 따라 어떻게 변하는지를 면밀하게 관찰해 보십시오. 상대방을 많이 알 수 있는 기회를 얻게 될 것입니다.

- **예비 데이트 장소를 다양하게 바꾸어서 만나 보기**: 장소에 따라 사람은 어느 정도 변합니다. 매번 캄캄한 영화관에 틀어박혀서 앞만 보다가 헤어지면 상대에 대해서 아무것도 알 수 없습니다. 사람이 많은 지하철도 타 보고, 꽉 막힌 도로 위에서 운전도 해 보고, 놀이동산에도 가 보고, 조용한 산책길을 걸어도 보고, 미술관에도 가 보고, 시끄러운 식당에도 가 보십시오. 다양한 환경을 함께 공유하게 되면 더 많은 우정을 쌓을 수 있습니다.

- **책을 읽고 함께 나누기**: 생각을 공유하는 것은 매우 중요합니다. 책을 함께 읽으면서 그 책에 대한 생각을 자연스럽게 나눠 봅시다. 생각의 차이를 알게 될 것이고, 그 생각을 좁힐 수 있는지 없는지도 알게 될 것입니다.

- **서로의 모임에 참여하기**: 상대방이 어떤 사람을 만나는지 알아야 합니다. 그것은 상대방을 이해하는 데 있어 매우 중요합니다. 모임들은 상대방의 취향과 성품과 신앙을 보여 주기 때문입니다. 상대방의 교회에 참여해 보십시오. 상대방의 친구들과 만나 보십시오. 또한 상대방이 좋아하는 모임에 참여해 보십시오. 서로에 대해 많은 것을 공유할 수 있습니다.

- **상대방의 취미를 공유하기**: 결혼한 후에도 서로의 취미는 가능한 존중해 주는 것이 좋습니다. 취미는 정신적인 압박을 풀어 주는 효과가 있어서 결혼 생활이 정서적으로 건강하게 되도록 돕기 때문입니다. 그럼에도 불구하고 상대방이 좋아하는 취미 생활을 함께 즐겨 볼 필요가 있습니다. 서로를 이해하는 것에도 도움을 줄 뿐 아니라 결혼 후에도 받아 줄 수 있는 취미인지를 판단할 수 있기 때문입니다. 예컨대, 게임을 지나치게 좋아한다든지, 운동에 중독된 상태라든지, 야구 등의 스포츠 경기를 광적으로 즐긴다든지, 자잘한 물건을 과도하게 구매한다든지 등을 알 수 있습니다.

예비 데이트 단계에서 공통분모를 만들어 갈 때, 우리는 상대방이 뭘 좋아하고 어떤 것을 싫어하는지 알 수 있습니다. 어떤 지점에서 다툼이 생기고 무엇 때문에 갈등이 풀어지는지도 알 수 있습니다. 서로가 다르다는 것을 인정하고 존중하게 되며 시간을 함께 보내는 방법을 배우게 됩니다. 이와 같이 서로를 알기 위한 헌신 속에서 신뢰감과 친밀감을 쌓아 갈 수 있다는 확신이 들 때까지 예비 데이트를 계속해야 합니다. 만약 그런 확신이 들지 않는다면, 그 관계는 과감하게 정리해야 합니다. 심지어 감정이 남아 있다 할지라도 그렇게 해야 합니다. 신뢰와 친밀함 위에 쌓인 우정이 없는 부부 관계는 반드시 그 대가를 치르기 때문입니다.

### 예비 데이트를 제안하라

연애를 시작하기 전에 몇 가지 신중한 과정을 겪어야 한다고 말했습니다. 소위 말하는 '예비 데이트' 단계입니다. 두 가지 경우를 생각해 볼 수 있습니다. 교회 등의 모임에서 자연스럽게 만났을 때와 소개를 통해 만났을 때입니다. 교회 등의 모임에서 만났을 때는 '예비 데이트'가 짧을 수 있습니다. 이미 오랜 기간 서로를 지켜봐 왔고, 공통분모도 꽤 쌓여 있기 때문입니다. 반면에 소개를 통해 만났을 때는 '예비 데이트'가 길 수 있습니다. 서로를 전혀 모르는 상태이기 때문입니다. 기간의 차이는 있을 수 있지만, 어느 경우라도 '예비 데이트' 단계는 꼭 거쳐야 합니다. 다음과 같은 과정을 눈여겨보십시오.

- (모임 또는 소개 등에서) 끌리는 사람을 만났을 때
- 끌리는 감정을 점검합니다. 이 질문을 잊지 마십시오. "나는 지금 왜 이 사람에게 끌리는가?"
- 예비 데이트를 제안합니다. 상대방을 알아 가는 대화와 공통분모를 통해 우정 쌓기가 가능한지를 따져 봅니다. 기간은 특별히 정해져 있지 않습니다. 보통 3개월 정도가 적절합니다.
- 예비 데이트를 통해 긍정적인 결과를 얻었다면 연애 단계로 넘어갑니다. 반면에 부정적이라면 거기서 멈춰야 합니다.

연애를 말하다

여섯째

여섯째,
# 연애하는 그리스도인

### 예비 데이트와 연애의 차이

셋째 질문은 이것입니다. "연애를 어떻게 해야 할까요?" 예비 데이트 단계에서 상대를 충분히 알았고, 그 결과가 서로 긍정적이라면, 이제는 연애 단계로 넘어갈 수 있습니다. 연애 단계는 결혼을 전제로 사랑을 키워 나가는 과정입니다. 또한 그리스도 안에서 하나 되는 훈련을 해 보는 단계이기도 합니다. 즉, 연애한다는 것은 하나 됨(당연히 육체적인 연합을 제외하고)을 맛보면서 '서로를 즐거워할 수 있는지, 서로를 즐겁게 할 수 있는지, 더 깊은 하나 됨이 가능한지'를 알아 가는 것입니다. 예비 데이트와 연애는 다음과 같은 차이점이 있습니다.

| 예비 데이트 | 자기감정과 상대방을 알아 가는 시간, 곧 점검 |
| --- | --- |
| 연애 | 자기감정과 상대방을 알아 가는 시간, 곧 점검<br>+<br>사랑을 키워 나가는 시간, 곧 누림과 훈련 |

## 그리스도인에게는 연애도 신앙이다

그렇다면 그리스도인의 연애는 어떠해야 할까요? 교회를 다니는 청년도 이 시대의 평범한 청년들이 하는 연애를 즐길 수 있습니다. 영화를 보고 차를 마시며 맛집을 돌아다니고 함께 나들이를 할 수도 있습니다. 소소하게 수다를 떨 수도 있고 활기차게 놀이공원을 갈 수도 있습니다. 그리스도인 연인도 서로를 즐거워하면서 할 수 있는 우리 시대의 건전한 놀이를 얼마든지 즐길 수 있다는 것입니다. 그런 세세한 연애 활동을 가르치는 것은 이 장의 목적이 아닙니다. 여기서는 그리스도인 연인들이 꼭 지켜야 하는 '연애 규칙'을 가르치고자 합니다.

그리스도인의 연애는 달라야 합니다. 그리스도인의 모든 활동에는 신앙이 중심입니다. 연애도 마찬가지입니다. 그리스도인이 하는 연애가 아니라 그리스도인의 연애가 되어야 합니다. 그러기 위해서는 중심을 잡아 주는 몇 가지 규칙이 필요합니다. 건전한 신앙 안에서 마련된 규칙은 안전하고 즐겁게 연애할 수 있도록 도와줍니다. 또한 그리스도 안에서 하나 됨을 연습하게 만들어서 결혼이라는 목적지까지 갈 수 있도록 안내해 줍니다. 그리스도인이 연애할 때 꼭 지켜야 하는 5가지 규칙은 다음과 같습니다.

## 그리스도인의 연애 규칙 5가지

첫째, 서약서를 쓰십시오. 예비 데이트에서 연애 단계로 넘어갈 때 서약서를 쓰는 것은 유익합니다. 오늘날의 연애는 지나치게 서로를 향해 있습니다. 서로를 기쁘게 하기 위해 애를 쓰다가 서로에게 실망하고, 서로를 향해 뜨겁게 달아올랐다가 서로를 미워합니다. 오직 서로를 향해서만 반응합니다. 그것이 '연애'라고 생각합니다. 물론 그리스도인의 연애도 어느 정도는 서로를 향합니다. 어느 정도는 서로에게 반응합니다. 하지만 그리스도인의 연애는 궁극적으로 하나님을 향합니다. 본질적으로 하나님께 반응하는 것입니다. 이것이 결정적인 차이입니다.

연애하는 그리스도인은 이것을 잘 알고 연습해야 합니다. '연애'를 그리스도인이 하는 것이 아니라 '그리스도인'이 연애를 하는 것입니다. 강조점을 '연애'에 둘지 '그리스도인'에 둘지를 명확히 해야 한다는 것입니다. 강조점을 '연애'에 둔다면, 그리스도인은 그저 타이틀이 될 뿐입니다. 연애 속으로 삶의 모든 것이 빨려 들어가게 됩니다. 연애를 기준으로 감정과 생각과 행동이 재편되어 버립니다. 반면에 강조점을 '그리스도인'에 둔다면, 연애는 신앙의 통치를 받게 됩니다. 모든 연애 활동을 신앙 속에서 생각하게 되고 신앙적으로 행동하게 되며 신앙을 따라 감정을 절제하게 됩니다.

그리스도인은 연애 활동을 할 때에도 하나님께 반응하여 하나님을 향해야 합니다. 이것을 건강하게 잘 실천하는 남녀는 결혼까지 부드러운 길을 걷게 됩니다. 서로에게 집착하지 않으면서도 서로에게 더욱더 가까이 다가설 수 있는 방법을 깨닫게 됩니다. 참된 친밀함은 오직 그리스도 안에서만 가능함을 배우게 됩니다. 연애는 서로를 향해서 달려드는 것이 아니라 하나님을 향해서 손을 맞잡고 걷는 연습을 하는 것입니다.

연애 서약서를 작성하는 것은 하나님 중심의 연애를 도와줄 수 있습니다. 그리스도인이라 할지라도 연애를 하다 보면 서로에게 불타올라서 길을 잃어버릴 수 있습니다. 서로를 지나치게 신경 쓰다가 연인을 우상으로 떠받들 수 있습니다. 연인이 인생의 중심을 차지할 수도 있게 된다는 것입니다. 이때 연애 서약서는 연애의 목적을 다시 한 번 되새기도록 도와줄 수 있습니다. '왜 연애를 하는지, 서로가 우상이 되지는 않았는지, 성경의 지침에서 어긋난 불건전한 연애 활동은 없었는지, 결혼이라는 목적지로 올바르게 가고 있는지, 하나님 중심의 연애인지'를 살펴보게 만듭니다. 연애 서약서는 다음과 같은 순서로 작성하면 좋습니다.

- 연애 서약서를 쓰기로 합의합니다. 필요성과 관련하여 서로 충분하게 이야기를 나눕니다. 일방적인 '프로그램'이 되지 않도록 서로 주의합니다.
- 연애 서약서 작성을 마음으로 함께 동의했다면, 서약서 작성을 도와주고 이 서약의 증인이 되어 줄 목회자를 찾아갑니다. 가능하면 출석 교회 목사님이 좋지만, 마

음으로 존경하는 목사님을 찾아가도 괜찮습니다.

- 연애 서약서를 작성한 후에는 서로 한 부씩 나눠 가집니다. 서약서를 수시로 보면서 기도한다면, 하나님께서 그 연애를 결혼이라는 열매가 맺힐 때까지 보호하시고 인도하실 것입니다.
- 할 수만 있다면, 부모님이나 신앙의 선후배들과 함께 서약서 내용을 나눕니다. 이를 통해 사랑하는 사람들의 지원과 조언을 받아서 관계를 아름답게 지켜 나갈 수 있습니다.

서약서 자체에 특별한 힘이 있는 것은 아닙니다. 서약을 했다고 해서 그 사람과 반드시 결혼해야 하는 것도 아닙니다. 하지만 서약은 마음을 더 진지하게 만들고 관계를 더 신중하게 만듭니다. 서로를 보호하게 만들며 서로를 돕게 만듭니다. 서로만을 바라보도록 하지 않고 서로에게만 의지하도록 하지 않습니다. 궁극적으로는 하나님께 반응하게 하며 실제적으로는 믿음의 사람들에게 도움을 받게 합니다. "앞에서 이끌어 주고 뒤에서 밀어주며 옆에서 잡아 주는 증인들의 존재는 우리가 이 특별한 구혼이라는 목적을 향해 걷는 길에서 우리를 살리고 목적지까지 잘 도착하게 합니다."[33]

이처럼 서약서 작성은 연애하는 그리스도인들을 신실하고 건전한 방향으로 이끕니다. 다음은 연애 서약서 예제입니다.

---

[33] 한재술, 『이 사람이 그 사람입니까』(수원: 그책의사람들), 113.

# 연애 서약서

1. 우리는 인생의 목적이 하나님을 영화롭게 하고 그분을 영원토록 즐거워하는 것에 있음을 고백합니다.

2. 우리는 연애의 목적도 위와 같음을 고백합니다. 서로를 목적으로 삼거나 서로를 떠받들며 사귀지 않겠습니다.

3. 우리는 성경이 요구하는 바와 같이 결혼하기 전까지 몸과 마음을 순결하게 지키겠습니다. 상대방의 몸과 마음도 순결하게 지켜 주겠습니다.

4. 우리는 결혼이라는 열매를 맺기 위해 하나님의 도우심을 간구하겠습니다. 또한 "부모님과 교회와 친구들과 함께 고민하고, 함께 기도하고, 함께 결정하기로 서약합니다."[34]

서약자 :               증인 :

둘째, 연애를 지도하고 기도해 줄 모임을 만드십시오. 요즘 청년들의 가장 흔한 착각은 결혼을 철저히 개인적인 일로만 여긴다는 점입니다. 사실 결혼을 연애하는 남녀 당사자만의 문제로 여기게 된 것은 최근의 일입니다. 불과 백여 년 전만 해도 결혼은 꽤나 공동체적이었습니다. 지난 세대에 결

---

**34**  위의 책, 113.

혼은 가족 공동체와 가족 공동체 사이에 있었고, 더 나아가 마을 공동체까지 함께했습니다. 즉, "구혼 같은 옛 패턴들에는 친구와 친척들이 배우자 선택과 관련해 이런저런 조언을 해 줄 여지가 많았습니다."[35]

하지만 개인의 권리가 극대화된 현대 사회에서는 '결혼에 대한 조언'을 자유에 대한 침해로 여깁니다. 부모의 견해를 구시대적 발상으로 여길 뿐만 아니라 결혼과 관련하여 교회가 해 주는 신앙적인 지도를 불쾌하게 받아들입니다. 숨어서 연애하는 것을 당연하게 생각하고 공개적으로 연애하는 것을 이상하게 생각합니다. 이것은 성경이 말하는 결혼을 제대로 이해하지 못한 '연애'입니다. 우리 사회보다 훨씬 더 자유와 권리를 강조하는 미국에서 목회하는 팀 켈러는 교회와 결혼의 긴밀성을 이렇게 말합니다.

> 결혼은 하나님이 교회에 주신 선물이다. 그리스도인들의 결혼을 통해 죄, 은혜, 회복으로 이어지는 복음의 메시지는 교회 안팎과 세상으로 널리 퍼져 나갈 수 있다. 그리스도를 좇는 이들의 혼인은 복음을 선포한다. 결혼의 중요성이 여기에 있다. 그리스도인 공동체는 견고하고 위대한 결혼을 세워 가는 일에 깊은 관심을 가지고 있으며 젊은 구성원들의 혼인에도 큰 힘을 쏟는다. 따라서 주님을 좇는 싱글들은 결혼 상대를 결정하는 것이 개인의 선택에만 달린 것처럼 생각하고 행동해선 안 될 것이다.[36]

**35** 팀 켈러, 『팀 켈러, 결혼을 말하다』(서울: 두란노, 2014), 292.
**36** 위의 책, 293.

결혼 상대를 결정하는 것은 개인의 선택에만 달려 있지 않습니다. 결혼을 통해 드러내고자 하는 것이 궁극적으로 복음이라면, 당연히 결혼은 교회와 깊은 관련이 있습니다. 그러므로 그리스도인의 연애는 믿음이 있는 사람들, 특히 출석하고 있는 교회와 함께해야 합니다. 연애 관계를 보호하고, 경건하고 적절한 도움을 받아서 '하나님의 영광을 나타내는 결혼'에 이르기 위해서는 연애하는 남녀를 둘러싸고 있는 모임이 중요합니다. 그들에게 관계를 공개적으로 이야기하고 필요한 지도와 조언을 구하는 것이 현명합니다. 아무리 똑똑한 사람이라도 자신과 관련된 일을 객관적으로 평가하기는 어렵습니다. 특히 연애와 같이 감정이 충만한 사안은 더욱 그렇습니다. 보고 싶은 것만 보고 듣고 싶은 것만 듣게 되기 때문입니다. 하지만 신뢰할 만한 사람들에게 연애 관계를 나누고 그들의 조언과 지도를 적절하게 받게 된다면, 어느 정도 정확한 판단을 할 수 있게 됩니다. 결혼을 홀로 진행하는 것만큼 어리석은 일은 없습니다. 보통은 다음 세 그룹 정도가 연애 관계에 도움을 줄 수 있습니다.[37]

- 부모
- 교회(목사와 장로)
- 멘토, 선배, 친구들

---

**37** 한재술의 『이 사람이 그 사람입니까』 58-83페이지를 참고하여 내용을 더했습니다. 본 글과 더불어 이 책을 꼭 읽어 보십시오.

첫째는 부모입니다. 결혼은 남녀가 부모를 떠나 한 몸을 이루는 것입니다. 이것을 바꾸어 말하자면, 결혼하기 전까지는 부모의 지도를 받아야 한다는 의미입니다. 오늘날은 권위 상실의 시대인데, 부모의 권위를 무시하는 것에서부터 시작됩니다. 하지만 성경은 부모의 권위를 존중할 것을 수없이 말합니다. 대표적으로 십계명이 그렇습니다. 십계명은 하나님 사랑과 이웃 사랑으로 나뉘는데, 이웃 사랑의 첫째 계명(십계명의 다섯 번째 계명)이 부모 공경입니다. 자녀는 결혼 관계 안에서 한 몸을 이루기 전까지 부모의 권위에 순종해야 합니다. 신명기 30장은 서약에 관한 규정을 다루면서 아버지 집에 있을 때 하나님께 서약을 했는데, 아버지가 그것을 허락하지 않으면 무효가 된다고 가르칩니다. 그만큼 성경은 부모의 권위를 높입니다.

사실 이것은 단순히 권위의 문제가 아닙니다. 하나님을 제외하고 현실적으로 자녀를 부모님만큼 사랑하는 존재는 없습니다. 부모님은 이 땅에서 자녀를 가장 잘 알고, 자녀를 위해 가장 많이 기도하며, 자녀가 잘 되기를 가장 원합니다. 무엇보다 자녀의 결혼에 가장 많은 관심을 갖고 있습니다. 그러므로 결혼과 관련한 여러 가지 일들을 부모님께 나누고 조언을 듣고 지도를 받는 것은 당연한 일입니다. 예비 데이트 단계에서부터 부모님의 견해를 경청하십시오. 연애 과정에서 나타나는 중요한 문제들을 항상 부모님과 상의하십시오. 기도를 부탁하고 조언을 구하십시오. 부모님은 결혼과 신앙에서 압도적인 경력을 갖고 있는 최고의 상담자입니다.

부모님이 신앙이 없을 때는 어떻게 해야 할까요? 부모님의 견해를 건너뛰어도 될까요? 그렇지 않습니다. 기본적으로 동일합니다. 부모님께 말씀 드리고 조언을 요청하십시오. 공경하는 태도를 잃지 말고 부모님이 해 주시는 모든 이야기에 귀를 기울이십시오. 다만 신앙적으로 갈등이 발생한다면, 꾸준히 설득해야 합니다. 예컨대, 결혼 후 제사 문제나 주일 성수 등의 문제를 탐탁지 않게 생각하신다면, 그 문제를 회피하기보다는 정확하게 짚고 넘어가야 할 것입니다. 어차피 한 번 부딪힐 문제이기 때문입니다. 그러나 공손한 태도로 부드럽게 설득해야 한다는 것을 꼭 명심하십시오. "부모의 권위와 지지와 허락 등은 아직 결혼하지 않은 우리에게 결혼을 포함한 모든 문제에서 결정적입니다."[38]

둘째는 교회입니다. 결혼은 교회의 문제입니다. 교회는 결혼을 지도하고 보호하고 다스립니다. 결혼은 복음을 드러내는 중요한 수단이기 때문입니다. 개혁주의 전통에서는 특히 이것을 강조합니다. 스위스 제2 신앙고백이나 웨스트민스터 신앙고백은 '그리스도인의 결혼'을 공식적인 문서에 담아서 후대에 전하고 있습니다. 눈여겨볼 것은 교회가 결혼의 이모저모를 놓고 치리할 수 있는 권리를 지닌다는 점입니다. 결혼은 교회 안에 있습니다. 그러므로 연애하는 그리스도인은 교회와 함께 이 과정을 진행

---

**38** 위의 책, 59.

해야 합니다. 특히 목사님께 연애 과정을 공개하고 정기적으로 상담을 받는 것이 좋습니다. 목사님은 말씀을 가르치는 분입니다. 말씀의 잣대로 연애를 지도하고 결혼까지 이르도록 도와주는 훌륭한 조언자입니다. 또한 성도를 위해 기도하는 목자입니다. 말씀의 교사와 영혼의 목자를 내버려 두고 홀로 연애를 진행하는 것은 교만한 일입니다. 하나님께서 인도하시는 방법을 무시하는 것입니다. 하나님은 그리스도의 몸 된 교회를 통해 자녀들을 돌보시기로 결정하셨기 때문입니다.

교회 안에 있는 가정도 큰 도움을 줄 수 있는 그룹입니다. 믿음 안에서 세워진 가정은 그 자체로 훌륭한 본이 됩니다. 교회 안에 있는 가정은 하나님께서 가정을 어떻게 세우시고 인도하시는지를 미리 내다볼 수 있는 귀한 사례가 됩니다. 그러므로 이미 결혼하여 하나님 안에서 가정을 세워 나가는 부부들의 조언을 귀담아 듣는 일은 꼭 필요합니다. 이것은 교회가 감당해야 할 몫이기도 합니다.

> 늙은 여자로는 … 그들로 젊은 여자들을 교훈하되 그 남편과 자녀를 사랑하며 신중하며 순전하며 집안일을 하며 선하며 자기 남편에게 복종하게 하라 이는 하나님의 말씀이 비방을 받지 않게 하려 함이라 _디도서 2:3-5

바울은 '늙은 여자가 젊은 여자들을 교훈하라'고 말합니다. 특히 결혼 생활과 관련하여 가르치라고 말합니다. 그 의미를 조금 더 확장하여 해석하면,

그리스도 안에서 가정을 세운 부부들은 결혼과 관련하여 아직 결혼하지 않은 남녀들을 교훈할 책임이 있습니다. 즉, 결혼한 사람은 결혼하지 않은 청년들과 초보 부부들에게 '그리스도인의 결혼 생활'에 관해서 가르칠 책임이 있습니다. 또한 결혼하지 않은 청년들은 교회 안에 있는 가정에게 '그리스도인의 결혼 생활'에 관해서 배워야 하는 의무가 있습니다. 성경은 결혼을 사적인 문제로 다루고 있지 않습니다.

셋째는 신뢰할 만한 주변 사람들입니다. 우리는 우리 자신을 충분히 안다고 생각하지만 사실 그렇지 않습니다. 우리만큼 우리 자신을 제대로 모르는 사람도 없습니다. 우리는 자주 편견에 근거해서 자신을 평가합니다. 긍정적인 편견이든 부정적인 편견이든 객관적인 입장에서 자신을 바라보는 것은 쉽지 않습니다. 특히 감정에 치우쳤을 때는 더욱 그렇습니다. 연애할 때는 자신의 모습이나 상대방의 모습을 제대로 바라보기 어렵다는 것입니다. 상대방의 잘못된 모습도 발견하기 어렵고, 자신의 고집스러운 면모도 찾기 어려우며, 점점 비틀어져 가는 관계도 제대로 평가하기 어렵습니다.

하지만 친구나 선배 등 신뢰할 만한 주변 사람들과 함께 연애 관계를 다룰 수 있다면, 이 부분에 대한 조언을 충분히 얻을 수 있을 것입니다. 이들은 바로 옆에서 연애하는 남녀를 지켜볼 수 있기 때문입니다. 이들은 연애하는 남녀에게 '어떤 부분이 약점인지, 왜 이와 같은 실수를 반복하는지,

무엇 때문에 연애 관계가 비틀어졌는지'를 구체적으로 알려 줄 수 있습니다. 특히 교회에서 함께 성장한 친구나 선배라면 훨씬 더 신뢰할 만합니다. 어쩌면 그들은 나에 대해서 나보다 더 많은 것을 알 수도 있습니다.

연애하는 남녀가 쉽게 잘못하는 것 중에 하나는 '은밀한 방식'을 선호한다는 것입니다. 가능하면 다른 사람들에게 연애 관계를 알리지도 않으려고 합니다. 단둘이서만 연애하는 것을 당연하게 여깁니다. 단둘이 있는 시간과 장소에서 은밀하게 만나는 것을 연애라고 생각합니다. 하지만 이와 같은 연애는 매우 위험합니다. 성적인 경계를 넘을 위험도 있지만, 두 사람이 가지고 있는 치명적인 문제가 꽁꽁 숨어 있을 위험도 매우 큽니다. 둘이 알아서 해결할 수 있다고 생각하지 마십시오. 위에서 말한 것처럼, 감정에 치우친 남녀만큼 큰 편견에 사로잡힌 사람들은 없습니다. 그들은 자기 자신뿐만 아니라 상대방에 대해서도 올바르게 평가할 수 없습니다. 연애 관계에서 발생하는 문제점들도 제대로 발견하기가 어렵습니다. 그러므로 결혼을 향해 나아가는 관계라면, 공개적인 연애를 하는 것이 유익합니다. 신뢰할 만한 친구나 선배 등에게 연애 관계를 공개하고 자주 조언을 듣는 것이 현명합니다. 은밀한 연애 생활은 위험합니다. 다음과 같은 방식으로 공개적인 연애를 즐길 수 있습니다.

- 교회 내 성경 공부 그룹 혹은 독서 모임 등에 참여하기
- 친구나 선배 등의 커플과 함께 데이트하기

- 서로 다른 교회일 때는 상대방의 교회를 방문하여 예배하기
- 신뢰할 만한 친구나 선배 등에게 정기적으로 연애 관계에 대한 조언 듣기

결혼이 중요한 만큼 결혼을 준비하는 연애도 중요합니다. 따라서 연애를 신중하게 진행하는 것은 지혜롭습니다. 더욱 지혜로운 사람은 자신이 부족함을 깨닫고 다른 사람의 조언에 귀를 기울입니다. 사랑이 듬뿍 담긴 부모님의 충고와 진리를 따라 교훈하는 교회의 지도, 그리고 우정을 나누어 주는 친구의 조언은 연애하는 남녀를 단단하게 묶어서 결혼이라는 목적지로 안내할 것입니다. 생각해 보십시오. 위와 같은 그룹이 있는 연애와 그렇지 않은 연애가 똑같을까요? 엄청난 차이가 있을 것입니다. 지혜로운 사람은 연애를 지도하고 그 관계를 위해 기도해 줄 '신실한 모임'을 만듭니다.

> 한 사람이면 패하겠거니와 두 사람이면 맞설 수 있나니 세 겹줄은 쉽게 끊어지지 아니하느니라 _잠언 4:12

셋째, 스킨십의 경계를 명확히 하십시오. 한때 '마녀 사냥'이라는 프로그램이 인기를 얻었습니다. 그간 은밀한 곳에서만 이야기하던 청년들의 성문화를 텔레비전 프로그램을 통해 공개적으로 다룬다는 점에서 매우 파격적이었던 것으로 기억합니다. 더 충격적이었던 것은 이 프로그램에서 다루고 있는 우리 시대의 청년 문화가 생각보다 훨씬 더 음란하다는 점이었습

니다. 결혼 전 성관계를 당연하게 여길 뿐만 아니라 혼전 동거나 하룻밤 관계까지도 쉽게 받아들이는 청년들이 많았습니다. 심지어 사연을 보낸 청년들 중에는 교회를 다니는 사람까지도 있었는데, 그가 보여 준 성 윤리는 믿지 않는 사람과 별반 차이가 없었습니다. 바야흐로 전통적인 성 윤리가 파괴된 시대에 들어선 것입니다.

2014년 4월 한국교회탐구센터가 '교회의 성, 잠금 해제'라는 주제 포럼을 열고 2013년 11월 25일부터 12월 16일까지 미혼 기독 청년 1,000명을 대상으로 설문 조사한 결과를 발표했습니다. 의미 있는 몇 가지 결과가 나왔는데, 다음과 같습니다.

- 52%: 성관계 경험이 있다.
- 61.3%: 혼전 순결을 반드시 지킬 필요는 없다.
- 57.4%: 결혼을 전제로 한다면 성관계가 가능하다.

가히 충격적인 결과입니다. 이 결과는 요즘 교회를 다니는 청년들이 가지고 있는 성 윤리를 여실히 보여 주고 있습니다. 한편에서는 이 정도의 수치도 현실을 제대로 반영하지 못했다고 말하기까지 합니다.[39] 교회를 다니는 청년들이 이 시대의 음란한 성 윤리를 자연스럽게 흡수하고 있는 것입니다.

---

39  필자가 들은 몇 가지 이야기는 지면을 통해 옮길 수 없을 정도로 충격적입니다. 교회 안에서 벌어지는 동성애와 자유로운 성관계 이야기가 심심치 않게 들려오고 있는 실정입니다.

이와 같은 시대에 연애를 하는 그리스도인은 성에 대한 명확한 잣대를 가지고 있어야 합니다. 성경은 결혼 전 성관계를 결코 용납하지 않습니다.

하나님의 뜻은 이것이니 너희의 거룩함이라 곧 음란을 버리고 각각 거룩함과 존귀함으로 자기의 아내 대할 줄을 알고 하나님을 모르는 이방인과 같이 색욕을 따르지 말고 이 일에 분수를 넘어서 형제를 해하지 말라 _데살로니가전서 4:3-6

음행과 온갖 더러운 것과 탐욕은 너희 중에서 그 이름조차도 부르지 말라 이는 성도에게 마땅한 바니라 _에베소서 5:3

모든 사람은 결혼을 귀히 여기고 침소를 더럽히지 않게 하라 음행하는 자들과 간음하는 자들을 하나님이 심판하시리라 _히브리서 13:4

늙은 여자에게는 어머니에게 하듯 하며 젊은 여자에게는 온전히 깨끗함으로 자매에게 하듯 하라 _디모데전서 5:2

성경은 그리스도인이 '성'을 어떻게 대해야 하는지를 명확히 말합니다. 모든 남자는 음란을 버리고 거룩함과 존귀함으로 자기 아내를 대해야 합니다. 이것은 결혼 이후만을 뜻하지 않습니다. 결혼 전부터 몸과 마음의 정결함을 유지해야 함을 말합니다. 특히 결혼을 귀히 여긴다면 항상 침소를 깨끗하게 유지해야 합니다. 성적인 충동에 휩싸여서 침대를 더럽히는 행위를 해서는 안 됩니다. 또한 성경은 결혼 관계를 '한 몸'을 이루는 것으로 표현하는데, 이것은 특별히 육체적인 연합을 의미합니다. 육체적인 연합으로 남자와 여자가 한 몸을 이루고, 그 연합 관계는 그리스도와 교회의 연합을 상징합니다. 그렇다면 생각해 보십시오. 남자와 여자가 혼전 성관계를 맺어 버린다면, 그리스도와 교회의 연합을 어떻게 설명할 수 있겠습니까? '거룩함과 깨끗함'으로 나타나는 그리스도와 교회의 연합을 가르칠 수 있겠습니까? "성경은 상대와 정서적, 인격적, 사회적, 경제적, 법률적으로 하나가 될 의사가 없다면 신체적으로도 연합해서는 안 된다고 말합니다."[40] 연애하는 그리스도인은 이것을 명심해야 합니다.

그렇다면 스킨십의 경계를 어떻게 정해야 할까요? 가장 추천할 만한 방법은 '연애 서약서'에 그 경계를 적고 서로를 향해서 서약하는 것입니다. 상대방의 몸과 마음의 순결을 지켜 주겠다는 서약은 안전한 연애를 보장합니다. 특히 성에 취약한 남자에게 유익합니다. 자신의 서약에 책임감을 갖고 연애에 임할 수 있게 하며, 이로 말미암아 상대방에게 신뢰감을 줄 수 있기 때문입니다.

스킨십에는 체감의 법칙이 있음을 기억하는 것입니다. 체감의 법칙은 '처음'이 최고이고 그 이후에는 점점 하락하게 된다는 법칙입니다. 대표적인 것이 음식입니다. 뷔페에 처음 갔을 때를 기억해 보십시오. 얼마나 맛있습니까? 하지만 뷔페에 많이 가면 갈수록 입맛은 점점 하락하고 더 맛있는 음식을 찾게 됩니다. 스킨십도 마찬가지입니다. 처음 손을 잡았을 때

---

**40** 팀 켈러, 『팀 켈러, 결혼을 말하다』(서울: 두란노, 2014), 299.

는 짜릿하지만, 두 번 세 번 손을 잡게 되면 느낌이 사라집니다. 그렇게 되면 더욱 진한 스킨십을 찾게 되고, 그 수위는 점점 높아지게 됩니다. 처음부터 경계를 명확히 정해야 하는 이유입니다.

공개적인 연애를 하는 것입니다. 은밀한 연애는 은밀한 장소를 찾게 되고, 은밀한 장소에서는 은밀한 행동을 하게 됩니다. 결혼을 전제로 연애를 시작했다면 반드시 공개해야 합니다. 위에서 말한 것처럼, 부모와 교회와 친구와 선배 등에게 알리고 공개적인 장소에서 여러 사람들과 함께 연애를 즐기는 것이 좋습니다. "상대방이 당신과의 관계를 공개적으로 인정하지 않는다면 당신은 사실상 연애하고 있는 것이 아닙니다."[41] 공개적인 연애는 서로를 안전하게 지켜 주는 방법입니다.

'거절'을 분명하게 하는 것입니다. 연애하는 그리스도인 남녀는 서로를 향해 육적인 욕망을 느낄 수 있습니다. 이것 자체는 죄가 아닙니다. 하나님은 남자와 여자에게 성적인 본능을 주셨습니다. 그렇기에 결혼을 위해 나아가는 남녀가 서로를 향해 육체적인 친밀함을 갈구하는 것은 정상입니다. "욕구 자체는 나쁜 것이 아닙니다. 다만 결혼하기 전까지는 그 욕구를 자제해야 합니다."[42] 그러므로 경계선을 넘어서는 행위에 대해서는 분명하게 '아니오'라고 말할 줄 알아야 합니다. 남자들은 사랑의 증명을 요

---

**41** 매트 챈들러, 제라드 윌슨, 『결혼, 하고 싶다』(서울: 두란노, 2016), 71.
**42** 위의 책, 68.

구하면서 성적인 행위를 요구할 수 있고, 여자들은 사랑을 붙잡기 위해서 성적인 행위를 수락할 수 있기 때문입니다. 따라서 남자든 여자든 이런 상황에 처할 수 있음을 이해하고, 한편에서 단호하게 거절할 수 있어야 합니다. 상대방을 깨끗하게 지켜 주는 것은 결혼을 위한 연애 생활에서 필수적인 요소입니다.

넷째, 성경과 교리를 함께 공부하십시오. 종종 신앙을 제외하고는 모든 것이 다 잘 맞는다고 말하는 연인들을 만납니다. 취미도 비슷하고 성장 배경도 비슷하고 앞으로 하고 싶은 일도 비슷해서 모든 것이 잘 통하는데, 신앙 딱 한 가지가 안 맞는다는 것입니다. 이렇게 말하는 사람들 대부분은 '아쉽지만 어쩔 수 없다'는 듯이 말합니다. 완벽할 수는 없다는 것입니다. 정말 그럴까요? 다음 문장 중에 어떤 것이 더 좋은지 한 번 골라 보십시오.

- 모든 것이 다 잘 맞는다. 신앙만 안 맞는다.
- 모든 것이 다 안 맞는다. 신앙만 잘 맞는다.

극단적인 사례처럼 보이지만, 의외로 이것 때문에 고민하는 연인들이 많습니다. 둘 다 교회를 다닙니다. 심지어 둘 다 어렸을 때부터 교회를 다녔습니다. 그런데 막상 신앙과 관련하여 이야기를 나눌 때마다 평행선을 달립니다. 답이 없는 논쟁이 이어집니다. 싸움에 지친 두 사람은 결국 신앙과 관련하여 이야기를 하지 않게 됩니다. 직장 이야기, 정치 이야기, 연예인 이야기, 친구들 이야기, 취미 이야기는 항상 하지만 신앙 이야기만 나오면 서로 조심합니다. 신앙이 싸움거리가 되어 버린 것입니다.

어떤 사람은 신앙이 싸움거리가 된다는 사실을 의아하게 받아들일 수 있습니다. 어떻게 신앙이 갈등의 요소가 될 수 있냐는 것입니다. 하지만 신앙적인 갈등은 요소요소에 있습니다. 예를 들면 다음과 같습니다.

- 주일 예배: 남자는 주일에 놀러 가서 거기에 있는 교회를 가면 된다고 주장한다. 반면에 여자는 주일은 꼭 본 교회에 참석해야 한다고 주장한다.
- 주일 성수: 남자는 온 종일 성수해야 한다고 주장한다. 반면에 여자는 예배만 참석하면 나머지 시간은 얼마든지 자유롭게 사용해도 된다고 주장한다.
- 술과 담배: 남자는 성경에 나와 있지 않은 문제이기 때문에 개인의 양심을 따라 해도 된다고 주장한다. 반면에 여자는 덕의 문제이기 때문에 해서는 안 된다고 주장한다.
- 대형 교회: 남자는 대형 교회를 비판한다. 반면에 여자는 하나님께서 대형 교회도 특별하게 사용하신다고 주장한다.
- 설교 문제: 남자는 A 목사의 설교를 비판한다. 반면에 여자는 A 목사의 설교를 좋아한다.
- 사회 참여: 남자는 사회 참여를 독려하는 진보적인 교회를 좋아한다. 반면에 여자는 복음 전도를 중시하는 전통적인 교회를 좋아한다.
- 구원 문제: 남자는 의지의 참여를 인정하는 알미니안주의를 주장한다. 반면에 여자는 은혜를 강조하는 칼뱅주의를 주장한다.
- 성경 문제: 남자는 성경의 편집설을 믿는다. 반면에 여자는 성경의 무오성을 믿는다.
- 은사 문제: 남자는 성경 계시 이후 계시적 은사가 중단되었다고 주장한다. 반면에

여자는 방언과 예언이 존재한다고 믿는다.

- 문화 문제: 남자는 세상 문화도 적당히 즐길 수 있다고 생각한다. 반면에 여자는 세상 문화와 구별되어야 한다고 생각한다.

신앙과 관련하여 이야기를 깊이 있게 진행하다 보면, 이것보다 더 많은 부분에서 차이가 있음을 알게 됩니다. 처음에는 자신의 견해를 주장하다가 그것이 다툼이 되고, 반복적인 다툼으로 지치게 되면 결국 신앙 이야기는 뒤편으로 밀어 놓게 됩니다. 그리고 어느덧 신앙 이야기는 아예 꺼내지도 않게 됩니다. 그런 후에 '우리는 신앙 빼고 나머지는 다 잘 맞으니까 괜찮다'고 스스로를 위로합니다. 하지만 신앙이 안 맞으면 결국 모든 것이 안 맞게 됩니다. 반대로 신앙이 맞으면 모든 것이 맞춰져 갑니다.

건강한 연인은 연애하는 중에 끊임없이 신앙에 관한 이야기를 나눕니다. 갈등이 있다고 외면해서는 안 됩니다. 다툼이 생긴다고 덮어 두어서는 안 됩니다. 신앙을 맞춰 가는 것이야말로 '모든 것을 맞춰 가는 것'입니다. 그러므로 "당신의 대화가 삼인조가 되도록 하십시오. 대화의 중심에 하나님을 두십시오."[43] 이것은 단순히 신앙에 관한 몇 가지를 이야기하는 것으로 충분하지 않습니다. 본격적인 공부가 필요합니다. 가장 좋은 것은 신뢰할 만한 목회자가 가르치는 성경 공부, 혹은 교리 공부 모임에서 함께 배

---

43 게리 토마스, 『연애 학교』(서울: CUP, 2014), 263.

우는 것입니다. 함께 배우면서 서로 토론하고 질문하며 답변할 때, 흩어져 있던 조각들이 맞춰지는 것과 같이 서서히 하나가 될 것입니다. 다음과 같은 것을 시도해 보십시오.

- 성경 공부 혹은 교리 공부 모임에 함께 참여한다.
- 교리 공부를 위한 책을 선택하여 함께 공부한다.
- 경건 서적을 함께 읽는다.
- 읽고 배운 것들을 적극적으로 토론한다.
- 논쟁을 목적으로 하지 말고 하나 됨을 목적으로 한다.

연애를 하다 보면, 이야기 소재가 고갈될 때가 많습니다. 매번 같은 곳에서 만나 같은 말을 하고 같은 데이트를 하게 됩니다. 서로를 충분히 알아가고 '하나'가 되기 위한 연애보다는 특별한 목적이 없는 연애가 될 수도 있습니다. 하지만 함께 성경과 교리를 공부하면서 그것을 중심으로 대화를 나눈다면, 연애 자체가 신앙의 특별한 과정이 됩니다. 서로를 통해 하나님을 알아 갈 수 있기 때문입니다. 뿐만 아니라 인생의 목적도 더욱 선명해지고 가정을 이루어야 하는 이유도 분명해집니다. 그러다 보면, 서로를 만족시키기 위한 연애가 아니라 서로를 통해 하나님을 만족시키기 위한 연애로 변화됩니다. 이런 과정 속에서 자연스럽게 서로 다른 두 사람이 '하나'를 향해 전진할 수 있게 됩니다. 말이 잘 통하거나 기질이 잘 맞는 것도 필요하지만, 신앙의 하나 됨이 전제되지 않는다면 아무 소용이 없습니다. 그리스도인의 연애는 서로를 만족시키는 훈련을 하는 것이 아닙니다. 서로를 통해서 하나님의 영광을 드러내는 훈련을 하는 것입니다.

다섯째, 갈등에 맞서는 연습을 하십시오. 연애란 '약 30여 년 동안 전혀 다른 환경에서 태어나 전혀 다른 기질을 가지고 전혀 다른 세계를 살아가던 두 남녀가 하나가 되기 위해 만나는 것'입니다. 여기서의 강조점은 '다르다'입니다. 무엇이 다른가요?

- 성(性)이 다르다 : 남자와 여자는 다른 행성에서 온 존재이다.
- 기질이 다르다 : 좋아하는 것과 싫어하는 것이 다르다.
- 세계관이 다르다 : 삶의 우선순위가 다르다.

'화성에서 온 남자, 금성에서 온 여자'라는 말이 있듯이, 남자와 여자는 정말 다릅니다. 사건과 사람을 바라보는 관점도 다르고, 그것을 느끼는 방식도 다릅니다. 갈등을 풀어 가는 방식도 다릅니다. 그렇기에 "남자들과 여자들은 서로 관계를 맺으려고 시도해 보지만, 비참하게 실패하는 경우가 많습니다. 어떤 때는 의사소통조차 할 수 없는 것같이 보입니다. 어떤 이들에게는 만족스러운 관계를 기대하는 것이 신물 나는 농담과 같습니다."[44]

---

44   노움 웨이크필드, 조디 브롤즈마 『이스라엘에서 온 남자 모압에서 온 여자』(서울: IVP), 20.

또한 모든 사람들은 타고난 기질이 다릅니다. 누군가는 내성적인 성품을 타고납니다. 침착하고 고요하며 정적입니다. 반면에 누군가는 외형적인 성품을 타고납니다. 활기차고 말이 많으며 동적입니다. 이런 극단적인 차이가 아니더라도 모든 사람들은 어느 정도 '다른 성격, 다른 기질'을 가지고 살아갑니다. 좋아하는 것이 다르고 싫어하는 것이 다릅니다. 영화 보는 것을 좋아하는 사람도 있지만 야외 활동을 더 좋아하는 사람도 있습니다. 사람들과 어울리는 것을 좋아하는 사람도 있지만 한두 사람과만 대화하는 것을 좋아하는 사람도 있습니다.

성(性)이 다르고 기질이 다른 사람은 바라보는 세상도 다릅니다. 여기에는 성장 배경도 한몫합니다. 다양한 이유로 말미암아 사람들은 서로 다른 세계관을 가지고 살아가는데, 이것은 삶의 우선순위가 다름을 뜻합니다. 예컨대, 누군가는 커피 마시는 것을 사치라고 여기겠지만, 누군가는 커피 한 잔에 큰 행복을 느끼기도 합니다. 누군가는 국도를 돌면서 돈을 아끼는 것에 큰 보람을 느끼겠지만, 누군가는 통행료를 지불하더라도 고속도로를 달려서 시간을 아끼는 것을 더 중요하게 생각하기도 합니다.

이처럼 모든 것이 다른 두 사람이 만나서 '하나'가 되기 위한 여정에 갈등이 없다는 것은 말이 되지 않습니다. 남자와 여자는 항상 다투게 되어 있습니다. 다르기 때문입니다. 똑같은 일에도 판단이 다르고 감정이 다르고 언어가 다르고 우선순위가 다릅니다. 갈등은 서로를 향해 더 깊이 전진하는 연인들의 필수 코스입니다. 만약 연애하는 중에 갈등이 전혀 없었다면, 둘 중 하나입니다. 갈등이 두려워서 서로를 향해 더 깊이 전진하지 않았거나 한 사람이 일방적으로 희생했을 가능성이 높습니다. 두 가지 경우 모두 건강한 그리스도인의 연애라 할 수 없습니다.

그래서 '갈등을 다루는 방법'을 배우는 것은 그리스도인의 연애 과정에서 꼭 필요합니다. 다음 네 가지를 기억하십시오.

- 갈등을 두려워하지 말라.
- 다름을 인정하라.
- 동의가 아니라 공감을 하라.
- 서로를 향해 더 깊이 전진하라.

첫째, 갈등을 두려워하지 마십시오. 연애하는 남녀 대부분은 '갈등은 나쁜 것'이라고 생각합니다. 서로의 생각이 다르다는 것에 두려움을 품습니다. 다른 취향을 갖거나 다른 판단을 하는 것은 '연인' 관계를 파괴하는 것이라고 생각합니다. 그래서 할 수만 있다면, 갈등 상황을 만들지 않으려고 노력합니다. 작게는 식사 메뉴를 정하는 것에서부터 크게는 결혼에 대한 관점까지 '다름'에도 불구하고, 서로 말을 하지 않습니다. 다름이 불편하고 두렵기 때문입니다. 식사 메뉴를 정할 때 자기 의견을 말하지 않는 정도는 큰 문제가 아닙니다. 하지만 신앙에 대한 생각 차이, 결혼에 대한 관점

차이, 우선순위에 대한 판단 차이는 결코 작은 문제가 아닙니다. '하나 됨'을 이루기 위해서는 갈등이라는 장애물을 넘어 '다른 것을 같은 것'으로 만드는 과정을 겪어야만 합니다. 차이 탓에 다투게 되었다고 하여 잘못된 것이 아닙니다. 건강한 갈등은 서로를 인정하게 하고 하나 됨을 더 깊이 갈망하도록 만듭니다. 그러므로 자기 의견과 감정을 숨기지 말고, 차이에 대해 적극적으로 나누며, 그로 말미암아 찾아오는 갈등을 잘 다루도록 하십시오. 갈등이 두려워서 마음속에서 점점 증폭되는 불편한 마음을 억지로 참아서는 안 됩니다. 적극적으로, 하지만 온유하게 그 불편함을 이야기해야 합니다.

> 잊지 마십시오. 당신은 참고 견딜 대상이 아니라 꼭 함께 살고 싶은 대상을 찾는 것입니다.[45]

둘째, 다름을 인정하십시오. 사랑은 친밀함을 요구합니다. 사랑하게 되면 더 가까워지고 싶어 한다는 것입니다. 친밀함은 동질성을 요구합니다. 가까워지기 위해서 같아지기 원한다는 것입니다. 하지만 바로 이 지점에서 문제가 발생할 수 있습니다. 많은 연인들이 친밀함과 동질성에 집착하여 사랑의 증명을 요구하기 때문입니다. 예컨대, 이런 것을 요구할 수 있습니다.

---

45  게리 토마스, 『연애 학교』(서울: CUP, 2014), 248.

"나는 짜장면을 좋아한다. 그러니 너도 짜장면을 좋아함으로 날 사랑한다는 것을 증명하라."

"나는 여행 다니는 것을 참 좋아한다. 그러니 너도 이 좋은 것을 좋아해라."

"나는 우리 엄마의 음식을 좋아한다. 그러니 너도 무조건 우리 엄마가 해 준 음식을 좋아해라."

'내가 좋아하는 것을 상대방이 좋아하고, 내가 싫어하는 것을 상대방도 싫어하기 원할 때' 둘 사이에는 심각한 갈등이 발생할 수 있습니다. 대부분의 다툼이 여기에서 생겨납니다. 하지만 기억하십시오. 강요 혹은 교묘한 조작으로 이루어진 친밀성은 폭력에 불과합니다. '같음'은 억지로 만들어질 수 있는 것이 아닙니다. 사랑에 기초한 자발적 친밀함만이 진정한 '같음'을 만들 수 있습니다. 내가 좋다고 여기는 것, 곧 내가 맛있게 먹는 음식, 내가 좋아하는 사람, 내가 즐거워하는 취미, 내가 행복해지는 순간을 상대방이 시큰둥하게 여긴다고 해서 실망하지 마십시오. 오히려 '우리가 이렇게 다름'을 인정하십시오. 강요나 조작은 목적이 아무리 좋을지라도 옳지 않은 수단이기에, 자발적 기쁨으로 '같음'을 향해 한 걸음 나아가는 순간을 기다리십시오. 서로 '다름'을 인정하는 순간이 '같음'을 향해 전진하는 출발선입니다.

셋째, 동의가 아니라 공감을 하십시오. 갈등을 잘 다루기 위해서 가장 필요한 것은 좋은 대화입니다. 그리고 좋은 대화의 기본은 '동의가 아니라 공감'입니다. 상대방의 말에 동의하는 것은 누구든지 할 수 있습니다. 합리적인 이야기라면 상사도 동의할 수 있고 친구들도 동의할 수 있으며, 하다못해 지나가는 사람도 동의할 수 있습니다. 하지만 공감은 아무나 할 수 있는 것이 아닙니다. 상대방에 대한 깊은 관심과 상대방을 이해하고자 하는 진심이 있는 사람, 곧 사랑하는 사람만이 공감할 수 있습니다. 서로의 차이 때문에 갈등이 발생했을 때, 대충 그 사람의 말에 동의를 표함으로 갈등을 봉합하려고 하지 마십시오. 공감 없는 동의는 쉽게 알아차릴 수 있습니다. 상대방의 말에 동의하기 전에, 상대방의 감정을 먼저 살펴보십시오. 상대방이 왜 그런 말을 했는지, 왜 그렇게 행동했는지, 왜 그런 결정을 내렸는지를 상대방의 입장에서 이해하려고 해 보십시오. 진심으로 상대방의 감정을 살폈다면, 그 이후에는 동의를 하든 반대 의견을 내든 큰 상관이 없습니다. 상대방의 마음은 이미 누그러져 있을 것이기 때문입니다. 마음이 전혀 실리지 않은 동의보다 공감하는 마음으로 반대하는 것이 더 힘이 있습니다. 갈등을 쉽게 봉합하려는 사람은 마음이 실리지 않은 동의를 남발하지만, 갈등을 제대로 풀고 싶어 하는 사람은 마음을 다해 상대방의 감정을 살펴봅니다. 그럴 때, '동의하느냐 반대하느냐'는 큰 문제가 되지 않습니다.

넷째, 서로를 향해 더 깊이 전진하십시오. 갈등을 두려워하지 않고, 다름을 인정하며, 동의가 아닌 공감으로 대화하는 이유는, 서로를 향해 더 깊이 전진하기 위해서입니다. 즉, 갈등 해결 자체가 목적이 아니라 '하나 됨'이 목적이라는 것입니다. 연애 기간 중에 갈등을 잘 다룸으로 표피적인 봉합이 아니라 '하나 됨'을 향해 나아가는 훈련을 해야 합니다. 서로의 차이는 서로를 갈고닦아 주는 연단의 수단입니다. 잠언 저자는 이렇게 말합니다.

철이 철을 날카롭게 하는 것같이 사람이 그의 친구의 얼굴을 빛나게 하느니라 _잠언 27:17

철과 철이 부딪히면 더욱 날카로워지는 것처럼, 사랑하는 남녀가 사랑을 품고 서로 부딪히면 더욱 빛나게 됩니다. 서로가 서로의 성품을 하나님께 합당하도록 만들어 간다는 것입니다. 갈등은 하나님의 영광을 위한 결혼으로 인도하는 지름길입니다. 갈등은 두려운 것이 아니라 복된 것입니다.

연애를 말하다

일곱째

# 일곱째,
# 결혼을 확정하다

**결혼 확정의 잣대는 무엇인가?**

넷째 질문은 이것입니다. "결혼은 언제 확정할 수 있을까요?" 예비 데이트는 상대방을 파악하는 기간입니다. 연애는 상대방을 파악할 뿐만 아니라 '하나 됨'을 연습하는 기간입니다. 그렇다면 언제까지 파악하고 연습해야 하는 것일까요? 무엇을 기준으로 결혼을 확정할 수 있을까요? 적절한 기간이 있을까요? 수많은 경우의 수가 있기 때문에 모든 연인에게 꼭 맞는 공식은 없습니다. 여기서는 보편적인 잣대 몇 가지를 가지고 결혼을 결정하는 기준으로 삼고자 합니다.

## 적절한 연애 기간이 있는가?

먼저, 연애 기간은 어느 정도가 적당할까요? 짧을수록 좋다고 하는 사람이 있는가 하면, 길수록 좋다고 하는 사람도 있습니다. 늘 그렇듯이 여러 의견이 섞여 있을 때는 적절한 것이 좋습니다. 너무 짧아도 안 되지만 너무 긴 것도 바람직하지 않습니다.

너무 짧아서는 안 됩니다. 사람의 됨됨이는 고작 2−3개월 정도로 파악할 수 없습니다. 둘이 하나 되는 연습도 2−3개월 정도로 가능하지 않습니다. 종종 아주 짧은 기간 연애하고 급하게 결혼식장으로 달려가는 연인들이 있는데, 그런 연인들 대부분은 결혼 생활에서 그 대가를 치릅니다. 짧게 연애하고 결혼을 결정하는 이유는 생각보다 단순합니다. 서로를 향해 불타는 감정 때문에, 혹은 상대방을 놓치고 싶지 않은 욕심 때문에, 혹은 자신의 결함을 감추고자 하는 조급함 때문에, 혹은 빨리 결혼하고 싶어서, 혹은 외부적인 환경, 곧 아버지의 은퇴 등 때문입니다. 이 다섯 가지 이유를 다시 한 번 찬찬히 읽어 보십시오. 정말 결혼을 결정할 만한 이유가 된다고 생각하십니까? 짧게 연애하고 결혼을 결정하는 것은 위험 부담이 너무 큽니다.

그렇다고 하여 너무 길어서도 안 됩니다. 그리스도인이 연애를 하는 목적은 '결혼'입니다. 연애를 위한 연애를 해서는 안 된다는 것입니다. 이것을 항상 잊어서는 안 됩니다. 오늘날에는 결혼의 의무를 부담스럽게 여기면서 연애의 자유로움만 만끽하려는 젊은 사람들이 많습니다. 심지어 그리스도인 청년도 그렇게 합니다. 연애를 구혼의 과정으로 인식하여 '먼저 그 나라와 그의 의를 구하고자 노력'하기보다는 연애를 자기만족의 과정으로 받아들여서 그저 즐기고자 하는 그리스도인 청년들이 있는데, 이것은 성경적인 연애가 아닙니다. 물론 현실적인 이유 때문에 연애를 길게 하는 경우도 있습니다. 경제적인 부분이 준비되지 않거나 취업을 하지 못한 경우에도 연애를 길게 합니다. 하지만 이것은 첫 단추부터 잘못 채운 경우입니다. 경제적인 부분이 준비되지 않거나 취업을 하지 못한 경우에는 본격적인 구혼의 과정을 시작해서는 안 됩니다. 스스로 구혼의 과정을 시작하기에는 미비하다는 인식을 갖고 열심히 결혼을 준비하는 것이 바람직합니다.

그렇다면 어느 정도가 좋을까요? 기간을 기계적으로 정할 수는 없지만, 보통 다음 정도면 적절하다고 볼 수 있습니다.

| | |
|---|---|
| 예비 데이트 | 약 2–3개월 |
| 연애 및 구혼 | 약 12–18개월 |
| 결혼 준비 | 약 2–3개월 |

위 도표는 구혼의 과정 전체를 약 16–24개월 정도로 잡았습니다. "적어도 연애 기간은 사시사철 다 지내 본 1년 내지 2년이라는 기간을 지내 봐야 합니다. 상대방에 대한 다양한 면들을 파악하는 충분한 시간이 필요합니

다."[46] 물론 이대로만 해야 한다는 것은 아닙니다. 일종의 기준일 뿐이며 여러 가지 상황과 변수를 고려하여 결정할 수 있습니다. 요점은 이것입니다.

> 구혼의 과정은 짧아서도 안 되고 길어서도 안 된다. 구혼의 과정 안에서 알아야 하고 배워야 하며 준비해야 하는 것을 충분히 다룰 수 있을 만큼 적당해야 한다.

지금까지 살펴본 구혼의 과정과 원리를 잘 이해하였다면, 짧지도 않고 길지도 않은 적당한 연애 기간이 필요하다는 것에 모두가 동의할 것입니다. 구혼의 과정 안에는 거쳐야 하는 중요한 단계들이 있고, 구혼의 원리는 기본적으로 신중해야 하기 때문입니다. 다시 한 번 말하지만, 결혼을 결정하면서 감정이나 외부 요인에 지나치게 영향을 받지 않도록 노력해야 합니다. 짧은 연애 후 결혼은 위험 부담이 크고, 긴 연애는 결혼에 이르지 못할 경우가 많습니다.

### 결혼 확정을 위한 기준

이제 결혼을 결정하기 위해 필요한 몇 가지 기준들을 살펴봅시다. 이 기준에는 크게 당사자들, 경건한 친구들, 부모, 외부 환경 등이 포함됩니다.

가장 중요한 것은 연인끼리 같은 마음을 품어야 한다는 것입니다. 한

---

[46] 서창원, 유명자, 『진짜 결혼』(고양: 우리시대, 2012), 43.

사람의 일방적인 주도 속에서 결혼을 결정하거나 한 사람의 조급한 부추김으로 결혼을 결정해서는 안 됩니다. 서로의 감정과 상황을 존중하면서 충분한 대화를 거쳐 결혼을 결정해야 합니다.

현대 문화는 결혼 결정을 거의 이벤트화시키고 있는데, 이것은 바람직하지 않습니다. 예컨대 여자가 전혀 눈치채지 못한 상황에서 놀랄 만한 청혼을 한다거나 급작스럽게 반지를 준다거나 하는 등입니다. 하지만 결혼을 낭만적인 요소에 근거하여 결정해서는 안 됩니다. 오히려 적당한 시간이 찾아왔을 때, 연인끼리 결혼에 관한 이야기를 분주하게 해야 합니다. 상대방이 결혼에 대해 어떤 생각과 준비를 하고 있는지 확인해야 하기 때문입니다. 상대방이 결혼 이야기를 불편해하거나 외면한다면, 어떤 이유에서 그런지도 확인해야 합니다. 불편함이나 걱정이 남아 있는 상태에서 둘 중 한 명이 일방적으로 결혼을 추진하는 것은 바람직하지 않습니다. 잠시 결혼 이야기를 멈추고, 둘이 한마음이 될 때까지 다시 구혼의 과정을 거치는 것이 바람직합니다. 어찌되었든 결혼을 결정하면서 중요하게 고려해야 하는 첫 번째 요소는 연애하는 당사자들의 마음입니다. 두 사람 모두가 즐거움과 설렘으로 기대하는 마음일 때, 결혼을 결정해야 합니다. 결혼 결정의 책임은 전적으로 본인에게 있습니다.

만약 당신이 결혼을 확정하기 원한다면, 가장 먼저 찾아가야 할 사람들이 있습니다. 당신 주변에 있는 경건한 친구들입니다. 목사, 장로, 그리고 교회 내의 신실한 부부 및 동료 등입니다.

> 이성을 사귈 때 가장 어리석은 모습 중 하나는 경건한 친구들이 극구 말리는 사람을 사귀는 것이다. … 함께 살아가는 사람들, 희로애락을 함께해 온 사람들, 당신을 위해 늘 기도하는 사람들, 당신을 격려하고 소중한 조언을 해 주는 사람들, 그들이 당신의 연애 관계에 대해 뭐라고 말하는가? 그들이 기뻐하는가? 아니면 걱정스러운 표정으로 쳐다보는가? 물론 당신의 삶이니 당신 마음대로 살겠다면 할 말이 없지만, 하나님은 당신을 지원하고 보호하기 위한 선물로 이 사람들을 주신 것이다. 경건한 친구들과 가족들, 특히 교회의 목회자와 장로 같은 영적 리더들은 우리가 보지 못하는 것, 때로는 우리가 보지 않으려고 하는 것을 보고 귀중한 조언을 해 줄 수 있다.[47]

위에서 말하고 있는 것처럼, 우리에게는 자기 자신을 제대로 보지 못하거나 보지 않으려고 하는 성향이 있습니다. 감정적인 부분일 때는 더욱 그러한데, 특히 결혼과 관련해서 그렇습니다. 아무리 분별력이 뛰어난 사람일지라도 감정과 이성이 섞여 있는 동안에는 올바른 판단을 내리기 어렵습니다. 감정이 이성을 지배해 버리기 때문입니다. 그렇기 때문에, 우리는 결혼과 같이 중요한 문제 앞에서 항상 경건한 친구들의 견해를 존중해야 합니다. 리처드 백스터는 '사랑이라는 이름으로 자행되는 무분별한 결혼'을 경계하면서 다음과 같이 말합니다.

---

**47** 매트 챈들러, 제라드 윌슨, 『결혼, 하고 싶다』(서울: 두란노, 2016), 61-63.

결혼을 결심하고 배우자를 선택할 때 막연한 환상과 열정에 이끌려 친구의 조언을 무시하거나 이성적인 판단이 흐려져서는 안 됩니다. 물론 배우자에 대한 사랑도 없이 결혼을 마음먹는 사람은 없을 줄 압니다. 하지만 그 사랑은 합리적일 뿐 아니라, 통렬한 시련 속에서 진정한 가치를 입증한 사랑이어야 합니다. 사랑한다고 말은 하지만 정작 왜 자신이, 결혼의 중요성을 잘 알고 진지하게 결혼에 임하는 사람보다, 정신없이 결혼에 임하려는 허울 좋은 사람을 더 사랑하는지는 모릅니다. 지혜롭고 성숙한 사람이 냉정하게 판단하기에는 전혀 탁월하거나 사랑스럽지 않고 아무것도 아닌 사람을 환상에 빠져 과대평가하거나 사랑스러운 존재로 여기게 하는 눈먼 사랑은 자신의 어리석음에 대한 반증입니다. 사랑이라는 이름으로 원하는 대로 하고 그런 태도를 미화해 보지만, 이는 정욕이요 환상에 불과합니다.[48]

그렇기에 결혼을 확정한 연인이 곧바로 달려가야 하는 곳은 결혼식장이 아니라 경건한 친구들이 있는 교회입니다. 오늘날에는 그런 일이 거의 없지만, 결혼하고 싶은 연인이 교회의 목사와 장로에게 결혼을 확정해도 되는지 묻는 것은 대단히 성경적이고 지혜로운 일입니다. 결혼은 사적인 일이 아니라 교회적인 일이기 때문입니다. 그러므로 교회 안에서 결혼을 확정하는 것은 앞으로의 결혼 생활에서도 충분히 유익합니다. 교회와 가정이 하나 되어 하나님의 나라와 그의 의를 구하는 일에 쓰임 받을 수 있기 때문입니다. 뿐만 아니라 교회의 목사와 장로, 더 나아가 경건한 친구들은 우리를 사랑하고 기도해 주는 '하늘의 가족'입니다. 그들은 우리를 '위하

---

**48** 리처드 백스터, 『하나님의 가정』(서울: 복있는사람, 2012), 60-61.

고 생각하고 조언하고 격려해 줄 수 있는 진정한 공동체'입니다. 그들이야 말로 우리의 결혼에 대해서, '신앙적으로, 관계적으로, 시기적으로' 올바른 판단을 내려 줄 수 있는 참된 공동체입니다. 물론 교회 밖의 친구들도 '일 반적인 지혜'를 나눠 줄 수는 있습니다. 하지만 그것은 참고 사항에 불과합 니다. 가치관이 다르기 때문입니다. 가치관은 '무엇을 소중히 여기는가'에 대한 문제입니다. 하나님의 자녀와 세상 사람들은 소중히 여기는 것 자체 가 근본적으로 다릅니다. 특히 결혼에 대한 '가치'가 그렇습니다. 그러므로 하나님의 자녀들은 세상에 속한 사람들이 나눠 주는 조언에 귀를 기울일 필요가 없습니다. 하나님의 자녀들은 '같은 것을 소중히 여기는 사람들의 조언'에 귀를 기울여야 마땅합니다. '같은 것을 소중히 여기는 사람들의 조 언'은 결혼을 확정할 때 아주 중요한 잣대입니다.

그리고 결혼을 확정하기 위해 모든 청년들은 당연히 부모님의 허락을 받아야 합니다. 최근 사회 전반적으로 권위가 상실되어 가고 있는데, 그 중심에는 부모 권위의 하락이 있습니다. 요즘 청년들은 부모님의 조언을 우습게 여깁니다. 마땅히 부모님의 허락을 받아야 하는 일조차도 자기 멋 대로 결정해 버립니다. 대표적인 것이 '결혼'입니다. 하지만 성경은 부모 의 권위에 순종할 것을 명령합니다. 특히 결혼하지 않는 청년들에게는 부 모의 명령이 절대적입니다. 가정을 이루어 부모에게서 "떠나기 전"에 있 는 모든 청년들은 부모의 권위 아래에서 살아야 합니다. 심지어 리처드 백스터는 '자녀가 약속한 결혼을 부모가 반대하면 어떻게 하는가'라는 질문에 다음과 같이 말합니다.

그 자녀가 아직도 부모 슬하에 있고 자신에 대해 스스로 결정할 재량권이 없다면 그 약속은 효력이 없습니다. 또한 자녀가 성년이 되었더라도 부모의 반대를 무시하고 한 약속은 그 내용과 행위가 모두 죄입니다.[49]

그만큼 결혼하지 않은 자녀에게 부모의 권위는 절대적입니다. 실질적인 이유도 있습니다. 지금까지 우리가 계속해서 논의한 것처럼, "결혼은 신중해야" 합니다. 서로를 잘 살펴서 서로를 통해 '하나님의 가정'을 세울 수 있을지 판단해야 합니다. 하지만 "적어도 그런 판단을 하려면 이십 대의 젊은 사람 둘이 앉아서 생각해서는 제대로 잘 깨달아지지 않습니다. 그것은 좀 더 성숙한 분들이 또 그런 방면에 대해 잘 생각해 줄 분들이 앉아서 생각을 해 줘야 하는 것입니다. 그래서 선배와 부형들이 생각을 바르게 해야 한다는 것입니다."[50] 그러므로 결혼을 확정하기 원하는 청년들은 부모님의 지혜를 소중히 여겨야 합니다. 부모님은 우리보다 지혜롭고, 우리보다 우리를 더 사랑하시기 때문입니다.

마지막으로, 결혼 확정을 위해서는 현실적인 환경도 고려해야 합니다.

---

**49** 위의 책, 38.
**50** 김홍전, 『혼인, 가정과 교회』(전주: 성약, 1994), 315.

결혼은 현실이기 때문입니다. 사랑만으로 살 수는 없습니다. 첫째, 재정적인 부분이 준비되어야 합니다. 종종 낭만적인 생각에 사로잡힌 연인들은 삶의 터전이 전혀 마련되어 있지 않은 상태에서 무리하게 결혼을 추진하기도 합니다. 사랑이 모든 것을 다 해결해 줄 것이라는 막연한 생각을 한 것입니다. 하지만 돈 문제로 하루가 멀다 하고 다투게 되면, 이것이 어리석은 생각이었음을 오래지 않아 깨닫습니다. 물론 넉넉한 돈이 마련되어 있어야만 결혼을 추진할 수 있다는 뜻은 아닙니다. 여기서 말하는 것은 두 사람이 가정을 꾸릴 수 있는 '기본적인 재정'입니다. 함께 몸을 누일 수 있는 방 한 칸을 얻을 수 있는 재정적인 능력조차 없으면서 막무가내로 결혼해서는 안 된다는 것입니다. 특히 자매들은 형제들의 허풍을 조심해야 합니다. 빚이 가득한 상태에서 장밋빛 미래만 나불거리는 형제들을 분별해야 합니다. 재정은 매우 현실적인 문제입니다.

둘째, 남편 될 사람에게 직업이 있어야 합니다. 직업의 좋고 나쁨을 의미하지 않습니다. 가정에 물질을 공급할 수 있을 정도의 돈을 벌고 있는 사람이 '남편 될 자격'이 있습니다. 다시 말해서, 학생 시절에는 가급적 결혼하지 않는 것이 좋습니다. 처음부터 부모의 도움으로 가정 경제를 꾸려나간다면 성경이 말하는 대로 '부모를 떠나' 세우는 가정을 만들 수 없기 때문입니다. 결혼 이후에도 여전히 부모에게 재정적인 도움을 받는 것은 비성경적이라는 사실을 기억하십시오. 그런 가정의 머리는 '남편'이 아니라 '재정을 돕는 부모'가 되기 때문입니다. 남편이 가정의 머리가 되지 못할 때, 가정 안에는 수많은 문제들이 발생합니다. '성경적 가정'의 개념을 충실히 공부해서 시작부터 그런 가정을 만들 수 있도록 준비해야 합니다.

셋째, 함께 다닐 교회를 확정하기 전에는 결혼을 확정하지 마십시오. 많은 연인들이 놓치는 부분 중에 하나입니다. 교회를 확정하는 것은 생각보다 굉장히 중요한 문제입니다. 결혼을 준비하면서, 혹은 결혼 이후에 천천히 준비해도 될 만한 문제가 아닙니다. 실제로 결혼 상담을 요청하는 부부 중에 상당수가 이 문제에 따른 갈등을 호소합니다. 예컨대, 결혼 전에는 아내가 다니는 교회로 옮길 것처럼 말한 남편이, 결혼 후에는 자기가 다니는 교회를 고집하는 경우가 있습니다. 이 경우에 아내는 남편에 대한 신뢰를 잃게 될 뿐 아니라 신앙생활 전체가 흔들리게 됩니다. 반대의 경우도 마찬가지입니다. 그러므로 결혼을 확정하기 전에 교회를 확정하는 것은 매우 현실적인 부분입니다. 하나님의 가정을 세우기 위해서는 반드시 교회의 지도를 받아야 합니다. 따라서 결혼 앞에 진지하게 서 있는 연인은 '함께 속하게 될 교회를 결정하는 일'을 소홀히 대해서는 안 됩니다.

정리하자면 이렇습니다. 첫째, 함께 살아갈 수 있는 삶의 터전을 마련할 만한 재정적인 환경이 갖춰져야 합니다. 둘째, 계속해서 함께 살아갈 수 있을 만한 직업적인 환경이 갖춰져야 합니다. 셋째, 무엇보다 계속해서 함께 지도를 받을 만한 교회적인 환경이 갖춰져야 합니다. 최소한 이 정도의 외부 환경이 갖추어졌을 때 비로소 결혼을 확정할 수 있습니다.

결혼은 하나님께서 사람들을 위해 주신 아름다운 제도입니다. 가정은 선물이고 배우자는 인생의 기쁨입니다. 그러므로 결혼을 확정하는 것은 대단히 복된 일입니다. 하지만 결혼에는 더욱 궁극적인 의미가 있고, 더욱 영광스러운 목적이 있다는 사실을 기억하십시오. 그리고 결혼 확정을 위해서 더욱 신중하십시오.

하나님께서 결혼으로 자신을 부르시고 결혼을 허락하신다는 사실을 납득하고, 결혼해야 하는 이유가 분명해지기도 전에 정욕에 이끌려 성급하게 결혼하지 않도록 조심하십시오. 결혼하기 전과 마찬가지로 결혼한 후에 당신이 섬겨야 할 분도 하나님입니다. 그렇기 때문에 성급하게 결혼에 이르기 전에, 당신이 결혼으로 섬길 분인 하나님의 권고를 받는 것이 맞습니다. 하나님을 바르게 섬기는 방법은 하나님께서 가장 잘 아십니다. 또한 복되고 행복한 가족 관계를 유지하기 위해서는 하나님을 의지해야 합니다. 남녀가 서로 배우자로 만나기 위해서는 하나님의 권고를 받아들이고 하나님의 인정을 받는 것이 가장 중요합니다. 부모의 동의를 받고 결혼하는 것도 중요하지만, 하나님이 인정하시는 결혼은 더욱 중요합니다.[51]

---

**51**　리처드 백스터, 『하나님의 가정』(서울: 복있는사람, 2012), 25-26.

연애를 말하다

여덟째

# 여덟째,
# 결혼식 준비? 결혼 준비!

## 결혼식에 대한 세속적 편견들

결혼식은 '하나님께서 둘을 하나로 짝지어 주시는 복된 예식'입니다. 그날은 새로운 인생, 새로운 가정이 출발하는 날입니다. 그렇기에 신랑과 신부뿐만 아니라, 양가 부모, 친지와 친구들 모두가 참석하여 같이 기뻐하고, 이 가정의 앞날에 '거룩한 행복'이 있기를 기도하는 날이기도 합니다. 그렇다면 복되고 즐거운 이 결혼식을 어떻게 준비하는 것이 좋을까요? 먼저 결혼식에 대한 몇 가지 세속적 편견을 살펴보면서 경건한 결혼식은 어떠해야 하는지를 알아보겠습니다.

오늘날에는 결혼이 마치 '결혼식'을 위해 존재하는 것처럼, 결혼식 준비에 모든 것을 쏟아붓는 경향이 있습니다. 결혼식이 화려하면 결혼 생활도 화려할 것처럼 결혼식에 모든 것을 투자합니다. 결혼 당사자들은 주변 친구들과 비교하면서 경쟁을 하고, 양가 부모들은 체면을 고려하면서 '빠지지 않는 결혼식'을 하려고 합니다. '결혼식'을 자기 증명의 수단으로 삼는 것입니다. 하지만 결혼식은 '그동안 내가 얼마나 잘 살았는지를 확인하는 시간'도, '다른 사람들의 좋은 평판을 얻어 내기 위한 시간'도 아닙니다. 이것은 결혼식에만 해당하는 말이 아닙니다. 우리의 그 어떤 것도 우리의 '정체성이나 평판'을 결정하지 못합니다. 오직 그리스도의 십자가만이 우리의 정체성과 평판을 결정합니다. 그러므로 겉치레로 가득한 결혼식을 준비하기보다는 '소소하되 실용적인 결혼식'을 준비해야 합니다. 주고받는 돈을 최소한으로 하고, 화려한 치장을 제거하며, 결혼식에 필요한 최소의 단장만 하도록 해야 합니다. 결혼식은 자기 증명의 시간이 아닙니다. 하나님께서 증명하신 두 사람의 인생이, 다시 한 번 하나님으로 말미암아 '하나가 되는 시간'입니다.

정말 그럴까요? 결혼식의 주인공이 신부일까요? 이와 같은 세속적 편견에 사로잡힌 신부는 지금까지 참아 왔던 욕망들을 결혼식을 통해서 다 채우려고 합니다. '사고 싶었던 것을 다 사고, 입고 싶었던 것을 다 입고, 가고 싶었던 곳을 다 가고, 대접받고 싶었던 것을 다 대접받는 것이 마땅하다'는 생각을 실현시키고자 합니다. 혹시라도 신랑이나 다른 누군가가 이것을 제지하려고 하면 '이미 결혼이 실패한 것처럼 분을 내고 좌절'해 버립니다. '결혼식의 주인공은 신부'라는 문장은 이처럼 '결혼식은 신부가 하고 싶은 것을 다 해도 되는 날'이라는 생각을 은연중에 하도록 만듭니다. 지금까지의 논의를 주의 깊게 다시 한 번 살펴보십시오. 위와 같이 결혼식을 준비하는 것이 정말 신앙적입니까? 그 과정 속에 하나님의 영광이 있습니까? '인생의 제일 되는 목적은 하나님을 영화롭게 하고 그분을 영원토록 즐거워하는 것'이라는 소요리문답 1문의 답변이 반영되는 결혼식입니까?

결혼식의 주인공은 '신부'가 아닙니다. 우리 인생의 주인공이 하나님이시듯이, 결혼식의 주인공도 '하나님'이십니다. 성도의 삶에서 '하나님께서 주인공이 아니신 시간'은 단 한순간도 없습니다. 특히 결혼은 '두 사람을 하나님께서 짝지어 하나 되게 하시는 복된 사건'이며, 결혼식은 그것을 공개적으로 선언하는 예식입니다. 그러므로 결혼식에서 높임을 받아야 할 분은 '하나님'이 되어야 마땅합니다. 결혼을 제정하신 하나님과 결혼을 명령하시는 하나님의 말씀이 결혼식의 중심에 서야 합니다. 결혼식의 중심에 '하나님'을 둘 때 결혼의 중심에도 '하나님께서 계실 수' 있습니다.

세속적 편견 3 **"축의금을 받는 시간이다"**

복된 날을 '돈'에 좌우되는 날로 만드는 편견입니다. '축의금 문화' 자체가 나쁜 것은 아닙니다. 새로운 가정을 꾸려서 출발하는 두 사람의 앞날에 조금이나마 보탬이 되라는 마음으로 '얼마간의 돈'을 줄 수 있습니다. 이것은 아직 사회 초년생인 두 사람이 살아갈 수 있는 작은 기반이 될 수 있습니다. 하지만 좋은 취지에도 불구하고 '축의금 문화'는 어느덧 축하객을 평가하는 수단이 되어 버렸습니다. '누가 얼마를 했다, 나는 이만큼 했는데 그 사람은 고작 요만큼 했다, 어떤 친척은 무려 얼마를 했다' 등등 사람을 금액으로 평가해 버리는 것입니다.

이와 같은 부정적 요소를 방지하기 위한 가장 좋은 방법은 '축의금'을 받지 않는 것입니다. 만약에 그렇게 할 수만 있다면, 허세 가득한 결혼식을 '소소하되 경건한 결혼식'으로 바꿀 수 있을 것이고,[52] 축하하러 온 사

---

52 축의금을 받지 않을 시에 가장 큰 문제가 되는 것 하나는 '식사'입니다. 이것은 좀 더 엄밀하게 결혼식을 진행할 때 해결할 수 있습니다. 예컨대, 결혼식을 혼인 예배로 드리는 것입니다. 오늘날 예식장 등에서 시행되는 불신자까지 참여하는 예배 형태의 결혼식이 아니라 지역 교회에서 신자와 함께하는 혼인 예배를 뜻합니다. 이것은 결혼을 교회적인 일로 여기고 온 성도가 함께 참여해서 드리는 예배를 의미하는 것으로, 이때 식사는 교회가 준비합니다. 아름다운 가정이 주님의 교회에 속하여 '하나님의 구원 역사를 위한 수단이 된 사건'을 교회가 축하하는 것입니다. 현실적으로 어려운 부분들이 몇 가지 있지만, 이것을 실현시킬 수 있는 교회가 되기를 소망합니다.

람들 모두를 감사한 마음으로 대할 수도 있을 것입니다. 현실적인 방법은 '익명'으로 축의금을 전달하는 것입니다. 이렇게 되면, 축하객은 순수한 마음으로 돈을 건넬 수 있고, 결혼 당사자들은 감사한 마음으로 돈을 받을 수 있습니다. 중요한 것은 결혼식을 '축의금을 걷는 시간'으로 여기지 말아야 한다는 점입니다. '하나님께서 둘을 하나로 짝지어 주시는 복된 날'을 돈에 범벅이 된 날로 만들어서는 안 됩니다. 돈보다 하나님의 복이 중심에 서는 날이 되도록 해야 하고, 축하객들의 축의금보다 마음이 전달되는 날이 되도록 해야 합니다.

### 결혼식 전에 준비해야 할 것들

세속적 편견을 제거한 후에는 경건한 결혼식을 준비해 가야 하는데, 그 전에 해야 할 것들이 있습니다. "결혼 준비"입니다. 결혼식은 결혼 생활을 하기 위한 출발선에 불과합니다. 출발선에 제대로 잘 서는 것도 중요하지만, 경주를 잘 마치는 것은 훨씬 더 중요합니다. 훌륭한 마라톤 선수는 '어떻게 하면 출발선에서 멋지게 보일까'를 고민하기보다는 '어떻게 하면 잘 달릴 수 있을까'를 고민합니다. 현명한 연인들은 결혼을 확정하고 구체적으로 결혼을 준비할 때, 결혼식 준비보다 결혼을 먼저 준비합니다. 다음과 같은 것들입니다.

첫째, 교회를 준비합니다. 가정은 교회에 속해 있어야 합니다. 교회와 가정은 하나님께서 자신의 역사를 이루시기 위해 사용하시는 중요한 두 축입니다. 교회는 가정을 돌봐야 하고, 가정은 교회의 지도를 따라야 합니다. 그리스도는 교회와 남편의 머리가 되시고, 남편은 가정의 머리가 되기 때문입니다. 그러므로 새롭게 만들어지는 가정은 "함께" 교회를 준비해야 합니다. 신랑과 신부 모두가 한 교회에 속해 있다면 쉽게 결정할 수 있습니다. 하지만 서로 다른 교회에 다니고 있다면, 여러 가지를 고려해야 합니다. 경우의 수는 첫째, 신랑의 교회, 둘째, 신부의 교회, 셋째, 제3의 교회가 될 수 있습니다. 세 가지 중에 특별한 우선순위는 없습니다. 할 수 있다면 자신들이 속해 있는 교회 중에 하나를 택하는 것이 좋겠지만, 더 중요한 것은 평생 동안 신앙의 돌봄을 받을 수 있는 교회인지를 분별하는 것입니다. 신랑과 신부, 그리고 자녀까지 '언약의 백성이 되도록', 말씀과 교제와 제도가 성경적 경건을 지향하고 있는지를 따져야 합니다. 마음으로 순복할 수 있는 교회 안에 속하는 것은 평생의 복이기 때문입니다.

또한 "함께" 정해야 한다는 것이 중요합니다. '자유롭지 않은 분위기'에서 한 사람의 일방적인 결정으로 교회를 정해서는 안 됩니다. "함께" 교회를 결정하지 않을 때, 신앙과 가정에 치명적인 문제가 발생하기 때문입니다. 그럼에도 불구하고, 교회를 정하는 일에는 신랑에게 주도권이 있음을 조심스레 밝힙니다. 남편은 가정의 머리로서 '가정의 주요한 일을 결정해야 하는 책임과 결정할 수 있는 권리'가 있습니다. 신랑은 '왜 이 교회로 결정했는지'를 상세히 설명하고, 신부는 먼저 잘 듣고 궁금한 점을 질문한 후에 마음을 다해 순복해야 합니다. 교회를 준비하는 것은 '가정을 준비하는 것'임을 명심하십시오.

둘째, 가정 예배를 준비합니다. 앞서 말한 것처럼, 인생의 주인공은 '내'가 아닙니다. 인생의 주인공은 늘 하나님이십니다. 그것은 결혼하기 전이나 결혼한 후나 마찬가지입니다. 그런데 결혼한 후에 많은 사람들이 인생의 주인공을 '배우자 혹은 자녀'로 삼는다는 것에 문제가 있습니다. 즉, 가정을 우상으로 떠받든다는 것입니다. 이것은 성경의 진단이기도 합니다.

> 너희가 염려 없기를 원하노라 장가가지 않은 자는 주의 일을 염려하여 어찌하여야 주를 기쁘시게 할까 하되 장가간 자는 세상일을 염려하여 어찌하여야 아내를 기쁘게 할까 하여 마음이 갈라지며 시집가지 않은 자와 처녀는 주의 일을 염려하여 몸과 영을 다 거룩하게 하려 하되 시집간 자는 세상일을 염려하여 어찌하여야 남편을 기쁘게 할까 하느니라 _고린도전서 7:32-34

여기서 바울은 결혼 전에 '하나님을 기쁘시게 할 것을 고민하던 청년'이 결혼 후에는 '아내를 기쁘게 할 것을 고민하는 남편'이 되었다고 한탄합니다. 이것은 결혼을 부정하는 말씀이 아니라 결혼 전후에 달라지는 사람의 마음을 지적하는 말씀입니다. 따라서 현명한 연인은 '성경이 지적하는 사람의 연약함'을 깨닫고 결혼의 중심에 하나님을 두기 위한 '가정 예배'를 계획합니다. '첫째, 어떤 방법으로, 둘째, 어느 시간에, 셋째, 무엇을 가지고' 등입니다. 예컨대, 가정 예배 교재는 무엇을 쓸 것인지, 예배의 순서는 어떻게 할 것이고, 말씀과 찬양은 무엇을 사용할 것인지, 일주일에 몇 번이나 할 것인지 등을 결정해야 합니다. 이와 같이 가정 예배를 소망함으로 미리 준비하는 연인들은 경건한 의미에서 '결혼식'을 더욱 더 고대하게 될 것입니다.

셋째, 자녀 교육을 준비합니다. 결혼의 중요한 목적은 '언약의 자손'을 낳는 것입니다. 이것은 자녀를 낳는 것에 한정되지 않고 자녀를 키우는 것을 포함합니다. '언약'이 무엇이고, '언약의 주체'가 누구이며, '언약의 자녀가 된다는 것이 무엇을 뜻하는지'를 가르쳐야 하기 때문입니다. 이것은 결혼 준비를 할 때 특히 중요한데, 자녀는 오늘날 가장 합법적인 우상이기 때문입니다. 합법적인 우상이라는 말은 '자녀 사랑'이 인류애의 정점에 있다고 믿는 사회적 분위기를 의미합니다. 즉, 그 어떤 것이 되었든 간에 '자녀 사랑이라는 이름'으로 행하면 사람들이 다 인정해 준다는 것입니다. 하지만 사회적 분위기가 자녀 숭배를 합법적이라고 인정한다 할지라도 성경은 그렇게 말하지 않습니다. 다음을 보십시오.

너희는 어찌하여 내가 내 처소에서 명령한 내 제물과 예물을 밟으며 네 아들들을 나보다 더 중히 여겨 내 백성 이스라엘이 드리는 가장 좋은 것으로 너희들을 살지게 하느냐 _사무엘상 3:29

하나님은 엘리 가문의 멸망을 예언하시는데, 엘리 제사장이 '하나님보다 아들들을 더 중히 여겼기 때문'입니다. 자녀 사랑이 고귀하기는 하지만, 하나님 사랑보다 앞서지는 않습니다. 하나님 사랑보다 앞선 자녀 사랑은 그저 우상 숭배일 뿐입니다. 하나님은 우상을 극히 미워하시기 때문에 우상을 섬기는 사람들은 반드시 그 죄의 대가를 받게 됩니다. 결혼을 준비하는 연인들은 이 사실을 명심해야 합니다. 그렇지 않으면, 자녀 사랑 때문에 '하나님의 가정'이 망가질 수 있습니다. 자녀 교육을 준비하는 연인들은 '결혼의 의미'를 새롭게 받아들이기 때문에, '자기를 만족시키고자 하는 자기중심의 결혼식'을 준비하지 않게 됩니다.

넷째, 재정 관리를 준비합니다. 두 사람이 하나가 되는 결혼은 '육체적 결합'만을 말하지 않습니다. '모든 것의 결합'을 뜻합니다. 여기에는 재정적인 결합도 포함됩니다. 두 사람이 벌든, 한 사람이 벌든, 결혼한 후에는 '하나의 재정'만이 있습니다. 요즘에는 맞벌이 부부가 늘어나면서 결혼 이후에도 재정을 따로따로 관리하는 경우가 많다고 합니다. 심지어 교회 다니는 사람들조차도 그렇게 한다고 하는데, 이는 있을 수 없는 일입니다. 결혼은 '두 사람이 하나가 되는, 성령께서 만드시는 신비로운 연합'입니다. 모든 것이 연합되어야 합니다. 특히 '돈의 결합'은 매우 현실적인 문제입니다. 돈이 결합되지 않았다는 것은, 사실 생활이 결합되지 않았다는 것과 같은 말입니다. 그러므로 반드시 재정을 하나로 결합할 수 있어야 합니다.

그렇다면 재정 관리는 누가 해야 할까요? 일반적인 답변은 '관리를 잘하는 사람'입니다. 하지만 좀 더 성경에 근접한 답변은 '아내'입니다.[53] 잠언 31장에 나오는 현숙한 여인은 집안 전체를 관리합니다.

> 누가 현숙한 여인을 찾아 얻겠느냐 그의 값은 진주보다 더 하니라 그런 자의 남편의 마음은 그를 믿나니 산업이 핍절하지 아니하겠으며 … 그는 양털과 삼을 구하여 부지런히 손으로 일하며 상인의 배와 같아서 먼 데서 양식을 가져오며 밤이 새기 전에 일어나서 자기 집안사람들에게 음식을 나누어 주며 여종들에게 일을 정하여 맡기며 밭을 살펴보고 사며 자기의 손으로 번 것을 가지고 포도원을 일구며 … 그는 곤고한 자에게 손을 펴며 궁핍한 자를 위하여 손을 내밀며 … 자기 집 사람들은 다 홍색 옷을 입었으므로 눈이 와도 그는 자기 집 사람들을 위하여 염려하지 아니하며 그는 자기를 위하여 아름다운 이불을 지으며 세마포와 자색 옷을 입으며 … 자기의 집안일을 보살피고 게을리 얻은 양식을 먹지 아니하나니 … 덕행 있는 여자가 많으나 그대는 모든 여자보다 뛰어나다 하느니라 고운 것도 거짓되고 아름다운 것도 헛되나 오직 여호와를 경외하는 여자는 칭찬을 받을 것이라 _잠언 31:10-30

현숙한 여인이 하는 일들을 보십시오. 그녀는 집안의 모든 재정을 보살피며 가정의 형편을 더욱 넉넉하게 만듭니다. 그녀가 돌보는 가정의 '산업은

---

53  사실 이 부분과 관련해서는 성경이 명시적으로 말하고 있지는 않습니다. 부부가 서로 즐겁게, 그리고 자발적으로 합의하여 재정 관리자를 정할 수 있다면, 그렇게 해도 좋습니다. 다만 잠언 31장을 근거할 때, 아내가 재정 관리의 세세한 부분을 맡고, 남편이 최종적인 결정을 맡는 것이 좀 더 성경에 근접한 답변이라고 봅니다.

핍절하지 아니한다'고 말합니다. 그녀는 가정 경제를 잘 돌보면서 집안사람들과 이웃들과 가난한 사람들을 섬기기까지 합니다. 그녀의 재정 관리가 가정을 더욱 풍요롭게 만들고 있는 것입니다. 이것이 남편이 가정 경제와 관련된 모든 것에 무관심해도 된다는 의미는 아닙니다. 남편은 가정의 머리로서 모든 것의 최종적인 결정권자가 되어야 합니다. 재정도 마찬가지입니다. 하지만 재정의 세세한 사용자는 아내가 되는 것이 더 성경적입니다. 남편은 아내의 재정 사용 능력을 믿어야 합니다. 비록 처음에는 부실할 수 있지만, 남편의 믿음 안에서 아내의 재정 관리 능력은 더욱 성장할 수 있기 때문입니다.

## 올바른 결혼 준비가 올바른 결혼식을 준비하도록 한다

네 가지의 결혼 준비를 말했습니다. 결혼 전에 교회를 준비하고, 가정 예배를 준비하고, 자녀 교육을 준비하고, 재정 관리를 준비해 나간다면, 결혼식 준비는 자연스럽게 경건한 방향으로 흐르게 됩니다. 신중한 자세로 다닐 교회를 설명하는 신랑과 순종하는 마음으로 교회에 관해 질문하는 신부가 '자기를 증명하고자 하는 결혼식'을 준비하지는 않을 것입니다. 가정의 중심에 예배를 두고자 계획하는 예비부부가 '세속적인 결혼식'을 준비하지는 않을 것이고, 결혼의 목적이 언약의 자녀를 양육하는 것에 있음을 아는 예비부부가 '신부가 주인공이 되는 결혼식'을 준비하지는 않을 것입니다. 또한 '하나의 재정'을 통해 모든 것의 연합을 꿈꾸는 신랑과 신부가 사치스러운 결혼식을 준비하지는 않을 것입니다.

결혼식을 준비한다는 것은 두 사람이 '함께 많은 것을 선택한다'는 말이기도 합니다. 이 때문에 정말 많은 예비부부가 갈등에 휩싸이기도 하고, 신뢰가 깨지기도 합니다. 결혼을 하기도 전에 이미 상처가 생겨 버린 것입니다. 그러므로 결혼식 준비를 위해 '무엇을 어떻게 선택해야 하는지'를 가르치는 것보다 '어떻게 하면 둘이 하나가 될 수 있는지'를 가르치는 것이 더욱 중요합니다. 함께 아홉 가지를 잘 선택하다가도 한 가지 갈등 탓에 마음이 무너질 수도 있기 때문입니다. 하지만 마음이 하나가 된 예비부부는 '함께 선택하는 과정'을 즐깁니다. 비록 의견이 다르고 판단이 다를 수 있지만, 그런 과정을 통해서 '하나가 된다는 것'을 충분히 이해합니다. 이와 같은 과정으로 결혼식 준비를 하는 예비부부는 반드시 복된 가정을 이룰 수 있을 것입니다.

연애를 말하다

참고문헌

# 참고 도서

게리 토마스, 『연애 학교』, 서울: CUP, 2014.

김정진, 금병달, 『크리스천 연애 실용서 연애 공식』, 서울: 두란노, 2006.

김홍전, 『혼인, 가정과 교회』, 전주: 성약, 1994.

낸시 레이 드모스, 『여자들이 믿고 있는 새빨간 거짓말』, 서울: 좋은씨앗, 2005.

노옴 웨이크필드, 『남자들을 위한 지혜』, 성남: 홈앤에듀, 2015.

노옴 웨이크필드, 조디 브롤즈마, 『이스라엘에서 온 남자 모압에서 온 여자』, 서울: IVP, 2001.

닐 클락 워렌, 『평생의 반려자를 선택하는 열 가지 방법』, 서울: 요단출판사, 2010.

도널드 밀러, 『연애 망치는 남자』, 서울: 옐로브릭, 2016.

리처드 백스터, 『하나님의 가정』, 서울: 복있는사람, 2012.

마틴 로이드 존스, 『그리스도인의 결혼 생활』, 서울: 생명의말씀사, 2012.

매트 챈들러, 제라드 윌슨, 『결혼, 하고 싶다』, 서울: 두란노, 2016. 마크 드리스콜, 그레이스 드리스콜, 『결혼은 현실이다』, 서울: 두란노, 2013.

서창원, 유명자, 『진짜 결혼』, 고양: 우리시대, 2012.

에드워드 T. 웰치, 『사람이 커 보일 때, 하나님이 작아 보일 때』, 서울: 개혁주의신학사, 2019.

조슈아 해리스, 『NO 데이팅』, 서울: 두란노, 1998.

조엘 비키, 『언약 자손으로 양육하라』, 서울: 성서유니온선교회, 2011.,

_____ 『하나님의 약속을 따르는 자녀 양육』, 서울: 지평서원, 2012.

조현삼, 『결혼 설명서』, 서울: 생명의말씀사, 2009.

존 번연, 『악인 씨의 삶과 죽음』, 파주: 크리스챤다이제스트, 2015.

존 파이퍼, 『남자와 여자, 무엇이 다른가?』, 서울: 부흥과개혁사, 2005.

케니 잭슨, 『연애하기 전, 결혼 공부』, 고양: 예수전도단, 2014.

팀 켈러, 『팀 켈러, 결혼을 말하다』, 서울: 두란노, 2014.

한재술, 『이 사람이 그 사람입니까』, 수원: 그책의사람들, 2013.

# 기타 자료

이대웅, 「기독 미혼 청년들, 男 59% 女 44%가 '성 경험 有'」, 〈크리스천투데이〉, 2014.11.17. https://www.christiantoday.co.kr/news/276366.

하남현, 「청소년 2명 중 1명 "결혼, 해도 좋고 안 해도 좋다"」, 〈중앙일보〉, 2017.04.19. http://news.joins.com/article/21489869.

한경경제용어사전, 확증편향 편. http://terms.naver.com/entry.nhn?docId=2211786&cid=42107&categoryId=42107.